D1673837

Mit den besten Wünschen

_____

_____

gewidmet von

_____

_____

Alles Gute
für den
besten Freund

Heiteres und Nachdenkliches
von Männern,
auf die man sich verlassen kann

Ausgewählt von
Bartel F. Sinhuber

Herbig

Die Rechte der Beiträge liegen bei der Verlagsgruppe Ullstein/
Langen Müller/Herbig

© 1990 by F. A. Herbig Verlagsbuchhandlung GmbH., München
Umschlagillustration: © Georg Hornberger, M.A.R.K. Factory,
München
Satz: Filmsatz Schröter GmbH., München
Gesetzt aus 10/12 ITC Garamond auf Linotronic 300
Druck: Jos. C. Huber KG, Dießen
Binden: Thomas Buchbinderei, Augsburg
Printed in Germany 1990
ISBN 3-7766-1617-2

Inhalt

Die Bürgschaft

Zu Dionys dem Tyrannen schlich
Damon, den Dolch im Gewande,
Ihn schlugen die Häscher in Bande.
Was wolltest du mit dem Dolche, sprich!
Entgegnet ihm finster der Wüterich.
»Die Stadt vom Tyrannen befreien!«
Das sollst du am Kreuze bereuen.

Ich bin, spricht jener, zu sterben bereit,
Und bitte nicht um mein Leben,
Doch willst du Gnade mir geben,
Ich flehe dich um drei Tage Zeit,
Bis ich die Schwester dem Gatten gefreit,
Ich lasse den Freund dir als Bürgen,
Ihn magst du, entrinn ich, erwürgen.

Da lächelt der König mit arger List,
Und spricht nach kurzem Bedenken:
Drei Tage will ich dir schenken.
Doch wisse! Wenn sie verstrichen die Frist,
Eh du zurück mir gegeben bist,

So muß er statt deiner erblassen,
Doch dir ist die Strafe erlassen.

Und er kommt zum Freunde: »der König
   gebeut,
Daß ich am Kreuz mit dem Leben
Bezahle das frevelnde Streben,
Doch will er mir gönnen drei Tage Zeit,
Bis ich die Schwester dem Gatten gefreit,
So bleib du dem König zum Pfande,
Bis ich komme, zu lösen die Bande.«

Und schweigend umarmt ihn der treue Freund,
Und liefert sich aus dem Tyrannen,
Der andere ziehet von dannen.
Und ehe das dritte Morgenrot scheint,
Hat er schnell mit dem Gatten die Schwester
   vereint,
Eilt heim mit sorgender Seele,
Damit er die Frist nicht verfehle.

Da gießt unendlicher Regen herab,
Von den Bergen stürzen die Quellen,
Und die Bäche, die Ströme schwellen.
Und er kommt an's Ufer mit wanderndem Stab,
Da reißet die Brücke der Strudel hinab,
Und donnernd sprengen die Wogen
Des Gewölbes krachenden Bogen.

Und trostlos irrt er an Ufers Rand,
Wie weit er auch spähet und blicket
Und die Stimme, die rufende, schicket;
Da stößet kein Nachen vom sichern Strand,
Der ihn setze an das gewünschte Land,
Kein Schiffer lenket die Fähre,
Und der wilde Strom wird zum Meere.

Da sinkt er ans Ufer und weint und fleht,
Die Hände zum Zeus erhoben:
O hemme des Stromes Toben!
Es eilen die Stunden, im Mittag steht
Die Sonne und wenn sie niedergeht,
Und ich kann die Stadt nicht erreichen,
So muß der Freund mir erbleichen.

Doch wachsend erneut sich des Stromes Wut,
Und Welle auf Welle zerrinnet,
Und Stunde an Stunde entrinnet,
Da treibet die Angst ihn, da faßt er sich Mut
Und wirft sich hinein in die brausende Flut,
Und teilt mit gewaltigen Armen
Den Strom, und ein Gott hat Erbarmen.

Und gewinnt das Ufer und eilet fort,
Und danket dem rettenden Gotte,
Da stürzet die raubende Rotte
Hervor aus des Waldes nächtlichem Ort,

Den Pfad ihm sperrend, und schnaubet Mord
Und hemmet des Wanderers Eile
Mit drohend geschwungener Keule.

Was wollt ihr? ruft er für Schrecken bleich,
Ich habe nichts als mein Leben,
Das muß ich dem Könige geben!
Und entreißt die Keule dem nächsten gleich:
Um des Freundes Willen erbarmet euch!
Und drei, mit gewaltigen Streichen,
Erlegt er, die andern entweichen.

Und die Sonne versendet glühenden Brand
Und von der unendlichen Mühe
Ermattet sinken die Knie:
O hast du mich gnädig aus Räubershand,
Aus dem Strom mich gerettet ans heilige Land,
Und soll hier verschmachtend verderben,
Und der Freund mir, der liebende, sterben!

Und horch! da sprudelt es silberhell
Ganz nahe, wie rieselndes Rauschen,
Und stille hält er zu lauschen,
Und sieh, aus dem Felsen, geschwätzig, schnell,
Springt murmelnd hervor ein lebendiger Quell,
Und freudig bückt er sich nieder,
Und erfrischet die brennenden Glieder.

Und die Sonne blickt durch der Zweige Grün,
Und malt auf den glänzenden Matten
Der Bäume gigantische Schatten,
Und zwei Wanderer sieht er die Straße ziehn,
Will eilenden Laufes vorüber fliehn,
Da hört er die Worte sie sagen:
Jetzt wird er ans Kreuz geschlagen.

Und die Angst beflügelt den eilenden Fuß,
Ihn jagen der Sorge Qualen,
Da schimmern in Abendrots Strahlen
Von ferne die Zinnen von Syrakus,
Und entgegen kommt ihm Philostratus,
Des Hauses redlicher Hüter,
Der erkennet entsetzt den Gebieter:

Zurück! du rettest den Freund nicht mehr,
So rette das eigene Leben!
Den Tod erleidet er eben.
Von Stunde zu Stunde gewartet' er
Mit hoffender Seele der Wiederkehr,
Ihm konnte den mutigen Glauben
Der Hohn des Tyrannen nicht rauben.

Und ist es zu spät, und kann ich ihm nicht
Ein Retter willkommen erscheinen,
So soll mich der Tod ihm vereinen.
Des rühme der blutge Tyrann sich nicht,

Daß der Freund dem Freunde gebrochen die
 Pflicht,
Er schlachte der Opfer zweie,
Und glaube an Liebe und Treue.

Und die Sonne geht unter, da steht er am Tor
Und sieht das Kreuz schon erhöhet,
Das die Menge gaffend umstehet,
An dem Seile schon zieht man den Freund empor,
Da zertrennt er gewaltig den dichten Chor:
»Mich, Henker! ruft er, erwürget,
Da bin ich, für den er gebürget!«

Und Erstaunen ergreifet das Volk umher,
In den Armen liegen sich beide,
Und weinen für Schmerzen und Freude.
Da sieht man kein Auge tränenleer,
Und zum Könige bringt man die Wundermär,
Der fühlt ein menschliches Rühren,
Läßt schnell vor den Thron sie führen.

Und blicket sie lange verwundert an,
Drauf spricht er: Es ist euch gelungen,
Ihr habt das Herz mir bezwungen,
Und die Treue, sie ist doch kein leerer Wahn,
So nehmet auch mich zum Genossen an,
Ich sei, gewährt mir die Bitte,
In eurem Bunde der dritte.

Die Telefonnummer des Königs

»In solchen Fällen rufst du immer einfach die Telefonnummer des Königs an«, sagte ich.

»Weißt du die Telefonnummer des Königs, Papa?«

Ich gab sie meinem sechsjährigen Töchterchen.

»79 62 01«, sagte ich, »wenn du einmal nicht weiterweißt und einen Kummer hast, den du deinen Eltern nicht sagen willst, auch wenn du etwas angestellt hast und in der Patsche sitzt, ruf den guten König an, er weiß dir bestimmt Rat.«

»Fein, Papa!« sagte die Sechsjährige.

»Kann ich ihn auch nachts anrufen, wenn alle Menschen schlafen?«

»Nein«, sagte ich, »nachts schläft der König. Du kannst ihn unter dieser Nummer nur von neun Uhr bis nachmittags fünf erreichen.«

»Schreib mir bitte die Nummer auf, Papa.«

Ich tat es. Ich schrieb ihr meine Büronummer auf, die mich allein erreichte, meinen Dienstanschluß.

»Da! Verwahr sie gut!«

»Danke, Papa!«

Als guter Vater macht man manchmal ein Experiment. Kinder erzählen daheim nicht alles den Eltern, und man weiß oft nicht, was ihr kleines Herz bedrückt. Wir stehen dann als Väter oft recht hilflos da, und so erfand ich das Märchen von der Telefonnummer des Königs, die die meine war. Und richtig, schon am nächsten Tag hörte ich im Telefon die überaus aufgeregte Stimme meines Kindes.

»Hallo! Ist dort der König?«

»Ja«, sagte ich mit verstellter Stimme, »wer will den König sprechen?«

»Ich.«

»Sagst du mir nicht deinen Namen?«

»Christinchen heiße ich, und wie heißt du?«

»Der König«, antwortete ich, »ich habe sonst keinen Namen, ich bin eben der König. Hast du etwas auf dem Herzen?«

»Ja, ich . . .«

Die Stimme auf der Gegenseite versagte. Ich fühlte förmlich das aufgeregte Herzklopfen meines geliebten Kindes. Denn mit dem König zu telefonieren, das ist schon eine Sache.

»Du brauchst keine Angst zu haben, Christinchen. Uns hört keiner zu. Sag deinem guten König, was dich bedrückt.«

Ich sah, trotzdem ich es nicht sah, wie sie den Telefonhörer mit ihren kleinen Händen ganz fest preßte.

»Ach, guter König«, sagte sie dann, »du bist doch so allmächtig, bitte, sag meinem Papa, daß ich keine

Suppe vertrage. Mir wird immer ganz schlecht, wenn ich meine Suppe aufessen muß. Mein Papa sagt, Suppe macht groß und stark, aber mich macht sie schwach. Bitte, glaub's, König! Kannst du das meinem Papa nicht erklärten?«

Ich räusperte mich, daß es so klang, als ob der König nachdächte, dann sagte ich: »Dein Papa hat ganz recht. Alle meine Untertanen essen ihre Suppe auf.«

»Du auch, guter König?«

»Ich auch, Christinchen.«

»Aber mit dir kann doch keiner zanken, wenn du sie nicht aufißt! Oder bekommst du eine bessere Suppe, eine Königssuppe vielleicht?«

»Ich bekomme jeden Tag die gleiche Suppe wie du, Christinchen«, sagte der König, »kein Mensch kann allein von Fleisch und Braten satt werden, auch der König nicht. Wenn du in Zukunft deine Suppe ißt, so denke daran, daß auch ich gerade auf meinem goldenen Throne meine Suppe löffle und es genau die gleiche Suppe ist wie deine – paß auf, dann schmeckt sie dir gleich viel besser.«

Seitdem aß Christinchen immer ihre Suppe brav auf. Sie hatte mir nichts von dem Telefongespräch mit dem König erzählt, aber sie war ein wenig verwandelt, sozusagen wie vom Adel, der Umgang mit dem König pflegt. Als sie begann, in die Schule zu gehen, rief sie ihren König öfters an und erzählte ihm alles, was sie auf dem Herzen hatte. Daß ein Schüler ihr im Schulhof ein Bein gestellt hatte, so daß sie hinfiel und sich ihr Knie aufschlug, oder wenn die Lehrerin sie getadelt hatte, und auch dies, daß ich sie eines Abends ins Bett schickte, weil ich sie bei einer Lüge ertappt hatte. »Woher wußte denn mein Papa, daß ich ein wenig gelogen hatte?« fragte mein Töchterchen, noch keine sieben Jahre alt, ihren König.

»Ein Vater sieht dem Kind sofort an der Nasenspitze an, ob es lügt.«

»Ist denn Schwindeln so schlimm, guter König?«

»Ein Mensch muß immer die Wahrheit sagen, weil es sowieso herauskommt. Kein Mensch hat ein Kind lieb, das ihn anlügt.«

»Hast du mich jetzt auch nicht mehr lieb, guter König?«

»Du hast mich ja noch nicht angelogen!«

»Du kannst mich ja auch nicht bestrafen, deswegen brauch ich dich nicht anzulügen. Aber wenn ich daheim in der Küche heimlich nasche, muß ich doch der Mutti sagen, daß ich es nicht war. Dann bestraft sie mich nicht und glaubt, es ist unsere Katze gewesen.«

»Ihr habt eine Katze?« fragte der König überrascht, »wie heißt sie denn?«

»Muschi!«

»Liebst du sie?«

»Sehr!«

»Wenn nun deine Mutti glaubt, die Katze hat ge-
nascht, wo doch du es warst, so wird sie die Muschi
eines Tages weggeben, denn niemand behält eine
Katze, die in der Küche stiehlt. Hast du dir das
schon einmal überlegt?«

»Nein«, sagte Christinchen, und ihre geliebte
Stimme klang sehr weinerlich, »glaubst du wirklich, daß Mutti dies tun wird?«

»Bestimmt!«

»Dann werde ich nie wieder heimlich naschen,
denn Muschi ist so lieb und schnurrt so schön, sie
schläft auch manchmal auf meinem Bett. Es wäre
schrecklich, wenn Mutti sie weggeben würde...«

Meine Tochter Christine, die heute schon siebzehn
ist, hat die Telefonnummer des Königs in ihrer
Jugend aufbewahrt, auch als sie elf Jahre war, rief
sie noch einmal den König an. Bestimmt glaubte sie
längst nicht mehr an das Märchen, das ich ihr als
Kind erzählt hatte. Aber wenn sie etwas durchset-
zen wollte, was ich ihr abgeschlagen hatte, ein
Fahrrad beispielsweise, dann wandte sie sich als
letzten Ausweg an den König.

Und ihr König half auch meist und überredete den
Vater.

Sechs Jahre hatte sie jetzt in meinem Büro, das ich
früh um neun Uhr betrat und nachmittags um fünf
verließ, nicht mehr angerufen. Nun ja, aus Kindern

17

werden Leute, und ein guter König gehört zum alten Märchen. Ich hatte daheim gerade rechten Verdruß mit ihr. Christine hatte sich verliebt, und ich fand meine Tochter viel zu jung dafür und auch, daß der Bursche nicht der richtige Mann für meine Tochter war. Das gibt es bei Vätern oft, wir warten alle auf einen Prinzen für unsere Töchter. Peter aber war nur ein Held, und Helden, die überall siegen, haben Väter weniger gern als Schwiegersöhne. Vor allem aber war mir Christine noch zu jung, um sie jetzt schon zu verlieren. Ich weigerte mich also beharrlich, ihn kennenzulernen und im Hause zu empfangen. Es hatte daheim eine heftige Aussprache gegeben, die damit abschloß, daß ich sagte:

»Endgültig! Ich will diesen Namen in meinen vier Wänden nicht mehr hören!«

Daß meine Tochter heulend hinauslief und die Tür ein wenig heftiger hinter sich zuwarf, als es üblich ist, gehört zu diesen väterlichen Endgültigszenen. Wir sprachen seither nicht mehr miteinander, meine Tochter und ich, seit drei Tagen schon.

Heute läutete bei mir im Büro das Telefon.

»Ja?« meldete ich mich.

»Ist dort der König?«

Mir fiel fast vor Schreck der Hörer aus der Hand.

»Ja«, sagte ich, »der König. Wer will ihn sprechen?«

»Hier ist Christine«, sagte meine Tochter, »hilfst du mir heute noch, wenn ich dich brauche?«

»Natürlich helfe ich dir, wenn ich es vermag. Wo drückt der Schuh?«

Ich wußte, was kam. Es kam auch.

»Ich liebe Peter. Er gefällt Vater nicht. Kannst du nicht mit meinem Vater reden, daß er etwas duldsamer wird und Peter, den ich liebe, wenigstens Gelegenheit gibt, sich mit ihm auszusprechen?«

Ich dachte ein wenig nach, was ich sagen wollte. Dann sagte ich: »Ich kenne deinen Vater. Er liebt dich über alles. Er wird schon seine Gründe haben, warum er den jungen Mann nicht empfängt, von dem du dir einbildest, daß du ihn liebst.«

»Mag sein, guter König, daß du meinen Vater kennst. Aber du kennst Peter nicht, den ich liebe. Sonst würdest du meinem Vater bestimmt nicht recht geben. Ich bin so verzweifelt, am liebsten ginge ich ins Wasser ...«

»Da würdest du aber sehr naß«, sagte der gute König, und seine Stimme war gar nicht mehr majestätisch, »wenn du so dumme Sachen erzählst, dann ruf deinen König nicht mehr an.«

»Du hast mir gesagt, ich soll immer anrufen, wenn ich nicht weiterweiß. Jetzt ist es soweit. Wenn du mir nicht hilfst, hilft mir niemand. Bitte, bitte, sprich mit Vater! Auf dich hört er!«

»Aber Kind, du bist doch erst siebzehn!«

»Ach, guter König, wenn der Richtige kommt, da kann man siebzehn sein oder siebenundzwanzig – meist kommt er doch, wenn man siebzehn ist –, denk doch nur an Julia und Hero, die waren auch nicht älter als ich...«

»Das kommt von deiner dummen Theatergeherei und deinem ewigen Lesen!« rief der König erzürnt, und jetzt wurde er recht unköniglich. »Ich werde mit deinem Vater reden, aber anders, als du denkst! Er soll dich in ein Internat stecken, damit dir die Flausen aus dem Kopf fliegen.«

Pause. Stille. Dann:

»Sag, König, trägst du eigentlich eine goldene Krone?«

»Ja. Nein. Warum?«

»Weil ich mir nicht vorstellen kann, daß ein guter König mit einer goldenen Krone auf dem Haupt so mit einem unglücklichen Mädchen spricht, das ihn um seine Hilfe anfleht. Dann wäre es besser, du würdest deine Krone niederlegen. Dann habe ich bisher an einen ganz falschen König geglaubt.«

»Also gut«, sagte da der König nach einer langen Pause der Unentschlossenheit und des inneren Widerstreites, »ich werde mit deinem Vater reden. Vielleicht bekomme ich ihn dazu, daß er am nächsten Sonntag deinen Peter empfängt. Aber versprechen kann ich dir nicht, daß er sein Urteil über ihn ändert. Aber du kannst heute Peter schon für Sonntag einladen.«

»Danke! Danke! Danke!«

»Bist du jetzt wieder glücklich und mit deinem König zufrieden?«

»Ja, Papa! Sehr, Papa! Über alles, Papa!« sagte meine Tochter damals, und wenn sie morgen heiratet, stecke ich ihr die Telefonnummer des alten Königs in ihr Heiratsgut. Ich wünsche, daß sie ihren alten König nicht mehr braucht. Der junge Mann, den sie mir ins Haus brachte, machte einen recht zuverlässigen Eindruck. Er war gar kein Held, wie ich fürchtete, er ist ein Mann. Jetzt kann ich beruhigt meine Krone abnehmen.

(aus »Beste Geschichten«)

Der Anhalter und der Minister

Der Anhalter stand an einer Autobahneinfahrt in der Höhe von Bremen und wartete. Es regnete, und er wünschte sich, nach sechs langen Ferienwochen in Italien, endlich wieder zu Hause zu sein.

Der Minister fuhr, etwa in der Höhe von Diepholz, die Autobahn entlang und war verstimmt. Mit den Kollegen von Nordrhein-Westfalen und Niedersachsen hatte er ein gemeinsames heikles Problem nicht lösen können. Er kehrte nach Hause zurück, aber auch dort stand Ärger an.

Der Anhalter war achtzehn, Schüler, zwei Jahre vor dem Abi, braungebrannt und vom Regen durchnäßt. Kleinwagen, Kombis, Sportcoupés, Jeeps und Luxuslimousinen rasten an ihm vorbei. Viele Leute hatten es eilig, dorthin zu kommen, wo sie sich doch nur wieder langweilen würden. Sie hatten aber keine Zeit anzuhalten. Und er, Michael, stand bereits zwei Stunden im Regen.

Der Minister schwieg seit etwa zwanzig Kilometern, der Fahrer und der Sicherheitsbeamte schwiegen auch. Es waren im Grunde angenehme Mitarbeiter, aber er hatte sie immer um sich, zu oft also, so wollten es die Vorschriften. Und im Ministerium? Eigentlich hatte er immer mit Leuten zu tun, bei denen er sich vorsehen, jedes Wort auf die Waagschale legen mußte: andere Politiker, Funktionäre, Presseleute, Parteifeinde... pardon, -freunde. Der Minister fühlte sich zusehends isolierter. Mit jedem Jahr, so spürte er, wurde es kälter um ihn. Der Anhalter dachte an das Mädchen in Innsbruck, an den Ärger auf der Timmelsjochstraße, an die glühend heißen Nächte in der Po-Ebene, an die herrlichen Tage in der Toskana und an den Dauerregen von Basel bis Bremen. Er hatte Zeit, sich alle Erlebnisse ins Gedächtnis zurückzurufen, und war stolz darauf, daß er, statt sich für die letzten paar 100-Lire-Stücke eine Pizza zu kaufen, das Geld in der schönen Kirche von San Gimignano in den Automaten geworfen hatte, der die Kirchenbeleuchtung für zwei Minuten einschaltete, Scheinwerfer, die die Fresken beleuchteten.

Da hielt der langgestreckte schwarze Wagen neben ihm. Die rechte hintere Tür öffnete sich, und der Mann im Fond forderte ihn auf, einzusteigen. Michael war höchst überrascht. Das war nicht die Sorte Wagen, die anhielt, und die Sorte Männer, die einen Schüler aufforderten, mitzufahren. Aber er hatte Selbstdisziplin genug, um sich nichts anmerken zu lassen. Er sagte sein Reiseziel, stieg ein und ließ sich aufatmend in die grauen Wagenpolster fallen.

In der Höhe von Rotenburg an der Wümme etwa wußte der Minister bereits ausführlich, wen er mitgenommen hatte, und Michael wußte, daß ein richtiger Minister ihn an der Straße aufgelesen hatte. Der Name war ihm vertraut, vermutlich war es der Minister für Wirtschaft und Verkehr, es konnte aber auch der Innen- oder Landwirtschaftsminister sein, da war er sich noch nicht sicher.

Sicher war er sich in bezug auf den Ton, den er seinem Gastgeber gegenüber anzuschlagen hatte: weder befangen und unterwürfig noch angeberisch oder schulterklopfend-kameradschaftlich. Er hatte die Gelassenheit und das Format, mit diesem Mann unbefangen und locker zu plaudern, nicht zu redselig, aber auch nicht verschreckt und eingeschüchtert.

Als sie Hamburg links liegenließen, wußte der Minister bereits, daß sich Michael und zwei Freunde vor Ferienbeginn eine »Rostlaube« gekauft hatten, einen fahrenden Schrotthaufen für nur dreihundert Mark, um damit nach Neapel zu fahren. Aber bei Fulda war ein neuer Reifen fällig gewesen, bei Bamberg die Batterie und bei Ingolstadt die Lichtmaschine. Auch der Scheibenwischer hatte seinen schwachen Geist aufgegeben, aber auf der Hinfahrt regnete es – gottlob – sehr selten.

Immerhin, im Inntal spritzte das Regenwasser durch den Wagenboden, und der Beifahrersitz brach durch. Jörn hätten sie auf diese Weise beinahe durch Herausfallen verloren, aber es gelang ihnen auf dem nächsten Parkplatz, den Sitz zu arretieren.

Auf der Timmelsjochstraße aber – denn die Alpen wollten sie unbedingt bezwingen – hauchte der strapazierte Motor sein Leben aus, sie mußten den Wagen stehenlassen und nun selbst weiter trampen, statt wie bis dahin großzügig Anhalter mitzunehmen.

Der Minister amüsierte sich. Wenn Michael schwieg, forderte er ihn auf, weiterzuerzählen. Fast gierig hörte er zu. Sein eigener Sohn lebte seit zwei Jahren in einer Wohngemeinschaft und sprach kein Wort mehr mit dem Vater. Jede gemeinsame Unternehmung mit Reinhard – jeder Radausflug, jeder Besuch eines Popkonzertes – war einer Sitzung, einer Parlamentsdebatte, einer Dienstreise zum Opfer gefallen.

Die Notwendigkeit, das Familienleben der Karriere zu opfern, bedauerte der Minister, aber die Prioritäten verstanden sich von selbst, und seine Arbeit würde Früchte tragen. Nächstes Jahr, wenn der Ministerpräsident nach Bonn ging, würde man zweifellos ihn nominieren und auch wählen.

Aber auf dieser Fahrt genoß er den Jungen, der so

plastisch von seinen Erlebnissen erzählen konnte, er sog alles auf, fragte und drängte nach weiteren Berichten, und Michael bezahlte den Fahrpreis mit seinen Abenteuerschilderungen.

Er erzählte von dem Zwischenfall an der bayerischen Grenze, wo sie von Zoll und Polizei aufgehalten wurden. Jörn pflegte mit einem alten Postsack als Gepäckstück zu reisen, er hatte ihn einmal auf dem Hamburger Hauptbahnhof gefunden und verwendete ihn nun als Rucksackersatz. Aber der Zollbeamte hatte festgestellt, daß der Postsack Eigentum des Bundes war, möglicherweise gestohlen, ja, vermutlich sogar mit Inhalt.

Michael, Jörn und Jan mußten drei Stunden warten, und als sie sich darüber beschwerten, erfuhren sie, daß das Postamt im nahegelegenen Dorf über Mittag geschlossen hatte. Von dort aber würde man den Postbeamten holen, der als symbolisch Geschädigter die Anzeige gegen Jörn erstatten würde. Gegen vier Uhr erschien der Postbeamte, ermittelte seinerseits, bot ihnen eine Prise Schnupftabak an und erklärte Jörn, die Anzeige würde ihn zu Hause erwarten. Er sah aber nicht so aus, als würde er seine Drohung wahrmachen. Schnupftabak verbindet ...

Im Wagen des Ministers hatte schon lange keine so entspannte Atmosphäre geherrscht, und die Herren genossen das. Ihren Chef hatten die beiden Mitarbeiter selten so heiter und gelöst erlebt. Nur manchmal verdüsterte sich sein Gesicht, und er schwieg einige Minuten, wenn er dachte: »Reinhard – jetzt könnte auch er so mit mir fahren!«

Dann aber fragte er wieder nach der Übernachtung unter den Arnobrücken in Florenz, denn nach den vielen vergeblichen Autoreparaturen hatten Michael und seine Freunde wenig Geld und wegen dieses Übernachtungsortes mußten sie sich täglich bei der italienischen Polizei melden, solange sie in Florenz waren.

Der Minister fragte nach den Boboligärten und nach der »Geburt der Venus« in den Uffizien, denn auch er war einmal in Florenz gewesen, als Student. Vor zirka hundert Jahren, so kam es ihm vor.

Michaels Sprache war mit Schülerdeutsch durchsetzt und mit Spontisprüchen gespickt, Aussprüchen, die ihm mühelos von den Lippen flossen. Er fuhr voll auf etwas ab, meinte, ihn knutsche ein Elch, und glaubte, ihm spränge der Draht aus der Mütze. Michael erklärte, er grüße jeden Dummen, denn der könne morgen sein Vorgesetzter sein, und die Herren lachten schallend. Ohne mit seinem Sprüchereservoir hausieren zu gehen, ließ er verlauten, daß nur Äktschn Sätisfäktschn bringe, daß es besser sei, krank zu feiern als gesund zu arbeiten, und daß die Arbeit der Untergang der trinkenden Klasse sei. Und die Forderung »Freiheit für Grönland – weg mit dem Packeis« wollte sich der Minister unbedingt merken, schließlich würde er sich in absehbarer Zeit auch mit den Grünen zu messen haben.

In der Höhe von Bad Segeberg kamen sie auf Karl May zu sprechen, und es stellte sich heraus, daß sie beide Karl-May-Kenner waren. Sie kannten sich in den Schluchten des Balkans aus und von Bagdad bis Stambul. Sie waren mit Old Surehand vertraut und mit Tante Droll, liebten aber auch die erzgebirgischen Schmugglergeschichten und die Herren von Greifenklau. Nur in der Interpretation eines Kapitels von Karl Mays Autobiographie »Ich« waren sie sich uneinig.

»Darüber müssen wir uns noch einmal in Ruhe unterhalten«, sagte der Minister, und in diesem Augenblick glaubte er daran.

»Ja, gern«, sagte Michael und sah den Minister an, aber er wußte, daß sie sich nie wiedersehen würden. Der Minister fragte Michael, ob er das Buch von Arno Schmidt über Karl May kenne, und Michael verneinte.

»Das schick ich dir mal zu«, sagte der Minister und notierte dieses Vorhaben auf seinem kleinen elektronischen Notizbuch. In diesen Dingen war er zuverlässig.

Kurz vor Kiel begann es in Strömen zu regnen, und

die großformatigen Scheibenwischer des Minister-
wagens fegten das Wasser literweise von der Front-
scheibe. Michael bat darum, an der letzten Ausfahrt
von Kiel aussteigen zu dürfen; er wohnte zehn
Kilometer außerhalb der Stadt.

Aber der Minister hatte eine Idee. »Wir setzen ihn
zu Hause ab, Herr Meltzer.« Der Fahrer nickte. Und
Michael beschrieb ihm den Weg.

Dann hielten sie vor dem Haus. »Würden Sie bitte
mal hupen?« fragte Michael den Fahrer, und Herr
Meltzer drückte auf die Hupe. Denn sonst würde
schließlich keiner glauben, was Michael erlebt
hatte.

Im zweiten Stock öffnete sich ein Fenster, und
seine Mutter sah heraus, und seine kleineren Geschwister drängten sich neben sie.

»Also dann, Michael«, sagte der Minister. Es klang
zögernd. Es klang, als habe dieser Junge ihm einen
Gefallen getan, in sein Auto einzusteigen. Michael
empfand es. Er sah den Landespolitiker mit dem
jungen Gesicht und den grauen Haaren an.

»Vielleicht haben Sie Lust, bei uns einen Kaffee zu
trinken«, sagte Michael. »Meine Mutter ist ziemlich
flexibel. Sie freut sich bestimmt ...«

Der Minister reagierte überrascht und schien
schon zustimmen zu wollen, nachdem er auf die
Armbanduhr geblickt hatte. Aber da meldete sich
das Autotelefon, und er wurde dringend, sehr drin-

gend in seinem Büro erwartet. Bedauernd, fast schuldbewußt, sagte er, daß es ihm leid täte. Vielleicht ein andermal. Und Michael solle seine Mutter grüßen und seine Geschwister.

Michael zog die strapazierten Jeans an den Gürtellaschen hoch, die Jeans, die sechs Wochen und vier Länder überstanden hatte. Er warf den Kopf zurück, so daß die langen blonden Haare über die Schultern fielen, und winkte dem Minister zu, als er davonfuhr.

Michael sah dem Wagen nach. In die nächste Rostlaube würden sie sich ein Autotelefon einbauen lassen, das putzt ungemein, dachte er. Aber vielleicht auch nicht.

Er sah, daß auch Nachbarn aus dem Fenster schauten, betrat das Haus und stürmte die Treppen hinauf. Er umarmte seine Mutter und ausnahmsweise auch Karsten und Britta, die kleinen Miststücke.

»Ist denn alles gut gegangen?« fragte seine Mutter.

»Klar«, sagte Michael.

»Und wer hat dich nach Hause gebracht?«

»Mein Freund, der Minister«, sagte Michael ernsthaft. Er war gespannt, ob er das Buch von Arno Schmidt über Karl May erhalten würde. Und nun mußte er dringend Jörn anrufen. Vielleicht hatte ihn die Deutsche Bundespost inzwischen doch angezeigt. *(»aus »Die schönsten Feriengeschichten«)*

30

Meinleo und Franziska

Hören Sie doch nicht auf das, was die Nachbarn sagen! Die Wände mögen noch so dünn sein, man hört immer nur, was laut gesprochen wird, die leisen Worte hören Nachbarn nie. Und es hat eine Zeit gegeben, da flüsterte sie: Mein Leo. Nachts flüsterte sie in ihr Kissen: Mein Leo, und tags lag sie ihrem Vater in den Ohren mit: Mein Leo, mein Leo!

Sie hat ihn bekommen. Zwanzig Jahre hat es gedauert; zwanzig Jahre, in denen sie gesagt hat: »Mein Leo«, bis er es war: ihr Leo. Er hatte ihr nur ein einziges Mal das Haar gewaschen und gesagt: »Was für ein hübsches kleines Ohr, Fräulein Franziska!« Bald danach hatte ihr Vater den jungen Friseurgehilfen Leo K. entlassen. Die späteren Gehilfen durften im Damensalon nicht mehr aushelfen, nicht einmal vor Pfingsten.

Franziska traf den Leo K. weiterhin am Montagabend bei den Proben einer Liebhaberbühne. Ihr Vater hätte ihn bei der festlichen Premiere – man spielte ›Weh dem, der lügt!‹ – im Kostüm eines mittelalterlichen Küchenjungen schwerlich erkannt, wenn ihm nicht der Klang von »Leon« und

»Wie nur, Leon« aus dem Mund seiner Tochter allzu vertraut gewesen wäre. Der erzürnte Vater wartete das glückliche Zusammenfinden der Liebenden auf der Bühne nicht ab, sondern holte seine Tochter eigenhändig aus den Armen des unerwünschten Leon und untersagte ihr nicht nur die Liebe zu dem jungen Mann ihres Herzens, sondern auch die Liebe zur Kunst.

Leo K. ging bald darauf außer Landes, aus Kummer und aus Abenteuerlust. Franziska bediente im Damensalon, hielt den Fön über braune und über blonde Köpfe, betrachtete nachdenklich die Ohren der Kundinnen und prüfte im Spiegel das ihre, ob es noch so hübsch und klein unter dem aufgetürmten Haar hervorsah, und sagte, mein Leo meint, mein Leo findet, mein Leo ...

Nun gibt es gerade in einem Damensalon wirkliche Vertrauensverhältnisse. Wer entdeckt denn die erste weiße Strähne? Nur menschlich, wenn man ein Wort darüber verliert. Da fehlt eines Tages ein Stirnlöckchen, das man selbst gedreht hat, oder gar eines aus dem Nacken, es wäre taktlos, nicht nach seinem jetzigen Aufenthalt zu fragen.

Und die Kundin fragt zurück: Und Meinleo?

Der Herrensalon befindet sich rechter Hand, der Damensalon linker Hand. Die Verbindungstür ist geschlossen, aber da fehlt einmal eine Schere, da möchte ein Herr seiner Frau ein Fläschchen Parfüm mitnehmen, da hat eine Kundin ihr Söhnchen mitgebracht, das seinen ersten Haarschnitt haben soll, kein Wunder also, daß bei jedem Öffnen der Tür Meinleo in den Herrensalon dringt. Der wahre Leo ist beseitigt, aber Meinleo hat seinen Siegeszug auch in den väterlichen Herren-Salon gehalten. Man hört bereits von einem Haarschnitt à la Leo, dessen Besonderheit die nur ein Zentimeter hohe Bürste über der Stirn ist; im Damensalon bevorzugt man eine Frisur, die das Ohr, zumindest aber das Ohrläppchen, freiläßt.

Welcher Mann hätte Meinleo zum Gegner haben mögen? Da fand sich keiner, obwohl der Vater in späteren Jahren den einen oder anderen Gehilfen mit einem Auftrag in den Damensalon schickte. »Gehen Sie Fräulein Franziska zur Hand! Waschen Sie Fräulein Franziska das Haar!« Was für ein armseliger und rührender Einfall eines Vaterherzens! Solch ein Wunder wiederholt sich doch nicht.

Und dann kam Meinleo wieder. Von wo er zurückkam, erfuhren die Nachbarn nie. Er konnte noch mit auf den Friedhof gehen und dem Vater die letzte Ehre erweisen. Am nächsten Morgen beugte er sich bereits über den ersten Kunden im Herrensalon. Der weiße Kittel des Schwiegervaters hing ihm lose über den Rücken. Meinleo war nicht gut im Stand, aber daran waren die schlechten Jahre schuld. Er schien sie in Kanada verbracht zu haben, oder war es Australien, oder war er doch nur in Neukölln gewesen? In einer Großstadt befindet man sich außer Landes, wenn man in einen anderen Stadtteil zieht. Jahre später, als sich gelegentlich ein amerikanischer Besatzungssoldat in den Salon verirrte, kam das »how are you« und »all right« etwas unbeholfen über Meinleos Lippen, aber es wäre möglich, daß es nicht nur sprachliche Hindernisse waren, die ihm den Umgang mit den Vertretern der Siegermächte erschwerten.

Das Hin und Her von Kämmen und Scheren zwischen Herrensalon und Damensalon war zunächst heftiger geworden, normalisierte sich aber bald. Als die Zeit der gebrannten Wandsprüche kam, hing im Damensalon zwischen den Spiegeln über den beiden Waschbecken:

WO EIN WILLE IST,

DA IST EIN WEG

Und manchmal, wenn Frau Franziska die Röllchen für die Dauerwelle an die elektrischen Kabel anschloß, ruhte ihr Blick versonnen auf dem Spruch. Abends verglich sie den Inhalt der beiden Ladenkassen miteinander. Der Salon MEINLEO, wie man ihn zu der Zeit bereits nannte, florierte rechts und florierte links. Die Einkünfte gingen in einen Topf, und dieser Topf gehörte Frau Franziska, doch nie hat einer ihr nachsagen können, daß Meinleo hätte abliefern müssen, was sich im Laufe eines Tages in seiner Kitteltasche ansammelte. Er verwendete diese Sondereinnahmen, wie sie gedacht waren, als Trinkgeld. Er trug es nicht weit, nur bis zum Lokal Augusta-, Ecke Annastraße. Dort saß er nahezu zwei Stunden, trank sein Bier und rauchte drei Zigarillos. Schweigend. Reden gehört bei ihm zum Handwerk, und abends tat er nur, was er am Tag nicht tun konnte: sitzen, schweigen, trinken, rauchen und sich bedienen lassen.

Die beiden gingen nicht sofort zum Standesamt und auch nicht zur Handelskammer. Wer selbständig ist, der weiß, wie schwierig es ist, die amtlichen Wege rechtzeitig zu erledigen. Der Salon hieß sowie MEINLEO, und als Leo in einem der letzten Monate des Zweiten Weltkrieges einem Kunden empfahl, den Schnurrbart nicht mehr in der Form einer Fliege zu tragen, diese Fliegen hätten nun bald das Zeitliche gesegnet, da holten ihn hinterher zwei Zivilisten ab. Frau Franziska hängte ein Schild an das rechte Schaufenster:

VORÜBERGEHEND

BIS KRIEGSENDE GESCHLOSSEN

Sie konnte jetzt die Kohlenration ungeteilt für den Damen-Salon verbrauchen, das Seifenkontingent ebenfalls, sie sprach wie früher von Meinleo, dessen Familienname niemand in der Nachbarschaft wußte, was die Verweigerung von Auskünften erleichtert. Eines Tages stand Meinleo dann wieder vor der Tür, zog seinen weißen Kittel an, der jetzt noch loser über den gebeugten Schultern hing, und machte sich daran, die übriggebliebenen Fliegen wortlos zu entfernen und seinen Kunden den neuesten amerikanischen Haarschnitt zu verpassen.

Sein Stammlokal war den Bomben zum Opfer gefallen, und sein Ober hatte sich einen anderen Friseur gesucht, aus modischen und politischen Gründen. Meinleo blieb abends zu Hause, was auch am Rückgang seiner privaten Einkünfte lag. Wenn er das eine oder andere Mal in den Damensalon hinüberging, um ein Shampoon zu holen für einen Kunden, oder auch nur, weil ihm die Zeit lang wurde, dann fand er jetzt manchmal Frau Franziska vor der Ladenkasse sitzend, deren Geldfach sie eilig zuschob, sobald sie seinen schlurfenden Schritt hörte. Sie begann dann ein eifriges Hantieren, ließ das Lehrmädchen fegen, wo bereits gefegt war, ordnete Flaschen und Dosen und war viel zu beschäftigt, als daß sie mit Meinleo eine Unterhaltung hätte führen können. Er zog sich wieder zurück, stand eine Weile vor der Haustür, sah die Straße rauf und runter, kein schlechtes Aushängeschild für einen Herrensalon in einer ruhigen Seitenstraße: sein Haar war voll und weiß, nur über der Stirn hatte es sich gelichtet, er hatte sich einen Schnurrbart stehen lassen, allen Zeitidolen zum Trotz. Diesem Bart ließ er besondere Pflege angedeihen, er beschnitt ihn, bürstete ihn und nachts gab er ihm mit einer Schnurrbartbinde die gewünschte, altmodische Fasson. Er hatte einen Schnurrbartkomplex, nicht einmal Franziska wußte, welchen Urgründen seiner Seele dieser Schnurrbart entsproß.

Als die Zeiten – gerade das Friseurhandwerk ist ja von den Zeiten so abhängig – besser wurden, kamen die Vertreter mit ihren neuen Präparaten und Apparaten und ließen Muster und Rezepte zurück. Nach Ladenschluß machten sich die beiden ans Werk. Der Salon wurde zur Versuchsküche: Meinleo färbte Franziska das Haar, das anfing, grau zu werden, tizianrot und mahagonifarben und heliotrop, wie es die Gebrauchsanweisung angab. An manchem Morgen mußte Frau Franziska ihr Haar unter einem dichten Netz verbergen – welche Frau würde da nicht laut! Er konnte zwar nicht jeden neuen Haarschnitt an ihr ausprobieren, aber doch die Wirkungsweise der vielgepriesenen Kaltwelle zum Beispiel, und aufs Toupieren verstand sich wohl kein Friseur so gut wie Meinleo. Am liebsten hätte er im Damensalon gearbeitet, das war von jeher sein Wunsch gewesen, fünfzig Berufsjahre lang. Aber er verstand sich nicht so gut aufs Wünschen wie Frau Franziska. Natürlich war sie auch eifersüchtig und wollte nicht, daß er das Haar anderer Frauen durch seine Finger gleiten ließ und daß seine Hände an einem jüngeren Ohr verweilten: Der Damensalon blieb ihm tagsüber verschlossen.

Die jungen Leute des Viertels gingen nicht zu Meinleo, aber die älteren kamen noch immer. Männer, die glaubten, daß ein Haarschnitt dasselbe sei wie Haareschneiden, die nichts weiter wollten als einen sauberen Nacken und jemanden, der ihnen die zu langen Augenbrauen stutzte und die Haare im Ohr diskret entfernte, und weder etwas von einem James-Dean-Schnitt noch von einem Yul-Brynner-Look je gehört hatten. Das aber waren Kunden, die sich nicht an die neuen Preise gewöhnen konnten. Sie meinten, Meinleo sei noch derselbe, Schere und Stuhl seien dieselben, und die Haare seien sogar weniger geworden, dafür brauche man doch wohl nicht mehr zu zahlen als früher?

Auch darüber gab es abends manche Auseinandersetzung. Meinleo mußte zwei Haarschnitte machen, um soviel einzunehmen, wie Frau Franziska anordnete. Also gab er nur die Hälfte der Kunden an, und da sie oft, wenn nichts zu tun war, heimlich den Hauseingang beobachtete und zählte, wie viele Kunden zu ihm kamen, nahm sie an, daß er nicht richtig abrechnete. Das verbitterte sie.

Sie ahnte nicht, daß auch er die neuen Preise nicht zu fordern wagte. Die Frauen, die zu ihr kamen, wollten nichts wissen von Öl- oder Eigelbwäsche und von Festiger, und was ein »modisches Flair« war, hätte sie ihnen nicht einmal erklären können. Sie wollten das Haar mit dem Fön getrocknet und hinten eingeschlagen haben. Das bringt natürlich auch nichts ein.

Die Vertreter jener modischen Präparate und Apparate, von denen sie abends im »Figaro« lasen, kamen bald nicht mehr in den altmodischen Salon. In den Regalen verstaubten die letzten Fläschchen Kölnisch Wasser, ein paar Dosen Creme, und in den Schubladen gerieten Schildpattkämme, Haarnadeln, Spangen und Lockenwickler in Unordnung.

Es war eine Frage der Zeit, wie lange sie den Salon noch halten konnten. Frau Franziska fand ihren Leo recht tapprig auf den Beinen, aber die Hände waren noch ruhig, und nur darauf kam es bei einem Friseur an. Meinleo seinerseits hielt seine Chefin – er hatte nicht aufgehört, sie als solche anzusehen – ebenfalls für recht alt geworden. Vor allem sah sie nicht mehr gut, und seitdem sah sie auch nicht mehr gut aus. Sie wurde schlampig, nicht zuerst um den Kopf wie andere Frauen, sondern um die Beine. Die Füße taten ihr oft weh, sie hätte Einlagen tragen sollen, statt dessen behielt sie die Schlappen auch im Geschäft an und trug dicke Wollstrümpfe. Vom Knie an abwärts war sie eine alte Frau und gab es auch zu.

Sie schwiegen hartnäckig über die Frage, was werden sollte, wenn sie den Laden nicht mehr halten konnten. So lange, bis diese Frage vom Hauswirt gestellt und auch beantwortet wurde. Er teilte ihnen mit, daß er die Ladenräume im Zuge der Modernisierung des Häuserblocks neu gestalten müsse und sie bereits an eine Schnellreinigung vermietet habe und er sie bitten müsse, sich nach etwas Geeigneterem umzusehen. Er schrieb »Geeigneterem«, und was ist denn für zwei alte Leute geeigneter als ein Altersheim?

Was den Frisiersalon anging, war Frau Franziska noch selbständig wie früher, aber wenn es um anderes ging, schickte sie Meinleo vor, von dem sie annahm, daß er über mehr Welterfahrung verfügte als sie. Bei solchen Anlässen sprach sie lautstark von jenen zwanzig Jahren, die er außer Landes verbracht hätte. Eines Morgens hing im rechten Schaufenster zwischen Nivea und Chlorodont das Schild

VORÜBERGEHEND GESCHLOSSEN

und Meinleo machte sich auf den ersten der vielen Wege, die er nun zu gehen hatte. Die Schwierigkeiten wären noch größer gewesen, hätte nicht die

Heimleitung einen Vorteil erkannt: mit den beiden würde sich das schwierige Problem des Haarewaschens und -schneidens der übrigen Heimbewohner lösen lassen. Man erkundigte sich nach dem Gesundheitszustand seiner Frau, und da erst wurde ihm klar, was alle Welt erfahren mußte, sobald er die geforderten Familienpapiere vorlegen würde: sie waren nicht verehelicht, sie würden ihren Lebensabend nicht miteinander verbringen dürfen! Diese Tatsache mußte er Franziska nach seiner Rückkehr und nach Ladenschluß beibringen, und wieder hörten die Nachbarn nur das laute »Meinleo« und nicht das leise »mein Leo«, das sie flüsterte, als er sie fragte, ob sie denn überhaupt seine Frau werden wollte. – Und als sie das war, als sie ein letztes Mal und diesmal beide Salons

WEGEN FAMILIENFEIERLICHKEITEN

GESCHLOSSEN

ließen, da hörte Frau Franziska auf, von »Meinleo« zu reden, da sagte sie »mein Mann«. Als dann der Möbelwagen kam, um ihre Habseligkeiten in das Zimmer im Altersheim zu transportieren, da erschien der Hauswirt persönlich, um den beiden Glück zu wünschen. Er bestand darauf, daß man diesen Augenblick im Bilde festhalten müsse, eigenhändig fotografierte er den alten Laden und die alten Leute; er holte einen Stuhl für Frau Franziska, die nicht wollte, daß man sah, wieviel kleiner ihr

Mann war als sie. Als sie dann saß, legte sie die Hände in den Schoß, ein für allemal und überließ ab sofort alles ihrem Mann. Meinleo war an soviel Verantwortung nicht gewöhnt, und so kamen in dem Altersheim zwei recht alte Leute an, die zwar in einem Koffer Scheren und Brennscheren, Trokkenspiritus und zwei Frisiermäntel mitgebracht hatten, aber welcher alte Mann hätte sich unter das Messer eines anderen alten Mannes gewagt?

In einer Kiste hatte Frau Franziska die beiden Schaufensterpuppen verpackt: die eine rothaarig, die andere blond; beide Köpfe fanden auf einem Schrank ihren Platz, und nachmittags, wenn Frau Franziska sich hingelegt hatte, holte ihr Mann sie herunter und frisierte die beiden nach der neuesten Mode. Er sah dabei zufrieden aus, so daß man annehmen konnte, daß das Leben auch seine Wünsche erfüllt hatte.

(aus »Überlebensgeschichten«)

Ein unbesonnenes Mädchen,
ein wohlerzogener junger Mann

Ich war voriges Jahr zu Gast auf einer Bühne – ich
sage nicht, wo. Hielt Vorträge aus meinen Werken.
Mit mir zugleich war eine sehr gescheite Frau da,
berühmte Künstlerin.

Wir vertrugen uns aufs beste. Ich wußte, daß sie
sich nichts aus Männern machte, wußte es von zehn
Leuten, die es mir am ersten Tag beflissen zugetra-
gen hatten. Desto netter, desto sachlicher diskutier-
ten wir. Es ist also doch Freundschaft möglich
zwischen Mann und Frau: eben unter diesen oder
ähnlichen Voraussetzungen.

Einmal hatten wir einen spielfreien Abend – wir
verbrachten ihn am Tisch eines Kunstfreundes. Ein
reicher Tisch – es gab allerhand gute Dinge –
Champagner, Liköre.

Der Hausherr stand im Berufsleben, muß morgen
wie immer ins Büro – uns blieb nichts übrig, als
aufzubrechen. Und es war erst Mitternacht... Viel
zu zeitig für uns zwei, die wir gewohnt waren, um
diese Zeit auf der Höhe unsrer Laune und Phantasie
zu stehen.

An mir war, die Diva heimzubringen. Kaum standen wir auf der Straße, da sagte sie (und ich hatte es gedacht): »Was fangen wir mit dem angebrochenen Abend an?«

Ich lächelte – vielleicht ein bißchen zynisch. Was sollt ich dieser, gerade dieser Frau vorschlagen?

Sie hatte schon die Antwort: »Wir plaudern.«

So setzten wir uns denn in die letzte Ecke einer zum Glück menschenleeren Bar und redeten. Und tranken Champagner – jene Marke, mit der wir heute abend begonnen hatten.

Wir tranken viel.

Und bei der dritten Flasche erzählte sie mir ein Erlebnis – eine Geschichte, so unwahrscheinlich, daß ich, der Dichter, nie wagte, dergleichen zu erfinden – eine Geschichte, die sie, meine Dame, sicherlich noch nie über die Lippen gebracht hatte und einmal beichten mußte, sonst wäre sie daran erstickt. Mir, dem Fremden, vertraute sie sich lieber und leichter an.

»Ich war«, erzählte sie, »nach zwei Jahren Bühnenlaufbahn den Sommer ohne Beschäftigung, ein junges Ding. Soll ich weit ausholen und gestehen, wie ich nach Gmunden geriet, Salzkammergut? – das teuerste Hotel? Schön, auch das: mit jemand, der mich eingeladen hatte... Dieser Jemand – sagen wir einfach: ›die Person‹ spielte Poker; ganze Nächte; wahnsinnig. Und verlor. Und verschwand.

Wirklich spurlos. Ich kam eines Morgens an den Kaffeetisch – ›die Person‹ war nicht da. Ich klopfte an die Zimmertür: geschlossen. Ich fragte den Portier: abgereist.

›Wird aber doch wohl wiederkommen?‹

›Oh, natürlich‹, sagte er, ›selbstverständlich.‹ Er wollte doch in mir nicht den zweiten Gast verlieren. Er ahnte nicht, der Harmlose, daß ich so gut wie ohne Heller dasaß.

Ich nahm am zweiten Frühstück nicht teil, weil doch niemand da war, mich zum Essen zu bitten. Ein paar Badekarten hatte ich – da ging ich schwimmen.

Bis Abend hielt ich aus – dann sagte ich mir: ›die Person‹ kehrt doch zurück, hat der Portier versichert – ›die Person‹ mußte mich wohl verständigen, wenn sie es anders vorhatte – so überwand ich die Scheu und ließ mir, schlechten Gewissens, das Essen auf meine Stube bringen. Ich war entschlossen, dem Kellner nachlässig wie ein Sudermannscher Held zu winken: ›Schreiben Sie es auf die Rechnung!‹ Es kam aber gar nicht dazu; der Kellner verzog sich stumm. Ich fühlte mich sehr erleichtert...

Ich will Sie nicht langweilen: es vergingen drei Tage so – mit wachsenden, mit schrecklichen Sorgen – drei schlaflose Nächte. Ich schämte mich zu Tode. Dann der letzte Schlag – ein Brief aus Wien:

Spielverluste – dem Nichts gegenüber – Rückkehr unmöglich.

Herr, ich war neunzehn und trotz zwei Theaterjahren so fremd in der Welt wie ein neugeborenes Kind. Meine Mutter war kurz vorher gestorben, als Kriegswitwe. Ich hatte niemand auf Erden. Und hätte ich jemand gehabt: nie fand ich den Mut, um Hilfe zu rufen, zu schreien.

Zechpreller kommen ins Gefängnis, in die Zeitung – das hatte ich oft gelesen, in der Zeitung.

Ich hatte ein vergoldetes Armbändchen, eine silberne Uhr. Wenn ich sie verkaufe? Wem verkaufen? Ich sah mich zehnmal um, ob mich niemand beobachtete, und flitzte, als hätte ich Armband und Uhr gestohlen, zu einem kleinen Händler. Er merkte meine Erregung, musterte mich mißtrauisch und fragte mich aus. Das Ührchen trug mein Monogramm, und ich konnte meinen letzten Bühnenvertrag vorweisen. Das beruhigte den Händler, und er zahlte mir vier Schilling. Meine Hotelschuld mußte in vier Tagen zwanzigmal so viel betragen.

Ich dämmerte noch Tag und Nacht hin, ratlos; hätte gar keinen Gedanken fassen können, denn ich hörte nur einen Satz im Gehirn hämmern: Zechpreller kommen ins Gefängnis. Vor dem Hotel pflegte ein Polizist zu stehen. Ich könnte ihn heute noch malen – so oft, so genau habe ich mir ihn damals angesehen.

Ich bildete mir sicherlich nur ein, daß mich das Hotelpersonal überwachte. Sie hatten noch keinen rechten Grund dazu – wenn ihnen mein bekümmertes Benehmen nicht auffiel – oder sie mußten Menschenkenner sein von ungewöhnlichen Gaben. Man hatte mir nämlich bis dahin gar keine Rechnung vorgelegt. Sie drohte erst Samstag. – Nun pulste es in mir: Zechpreller kooomen ins Gefängnis; Samstack! Samstack! Ich spielte mit irren Ideen: Selbstmord; Raub. Freitag war ich so weit, daß ich erwog, aus der Garderobe des Speisesaals eine Boa zu klauen.

Zu Abend ließ ich mir Poularde und Torten servieren. Ich nannte es: mein Henkersmahl.

In der folgenden Nacht, ich hatte natürlich kein Auge zugetan, um drei wurde mir die Stube unerträglich. Ich sprang auf, kleidete mich an und wollte ... ja, ich wollte nun einfach fliehen. Flucht schien mir plötzlich ein so herrlicher Ausweg, daß ich mich fragte, warum, warum ich nicht schon früher darauf verfallen war.

Weh, das Tor war zu. Und den Nachtportier alarmieren? Auf diesem Weg über die Treppen nach dem Tor aber hatte ich Licht im sogenannten kleinen Saal gesehen – hier saß noch Gesellschaft: die Spieler. Einer dabei, den ich vom Sehen kannte, der auf meinem Flur wohnte, ein Herr ... Aber der Name tut ja nichts zur Sache. Ein Wiener – man sah auf den ersten Blick: ein wohlerzogener junger Mann aus gutem Haus.

Und als ich zurück nach meinem Zimmer ging – und niemand hatte mich gesehen im nächtlichen stillen Hotel –, da mußt ich vorbei an der Tür dieses jungen Mannes. Er ist unten und spielt. Morgen, nein, heut ist Samstack, Samstack. Wie, wenn seine Tür offen wäre – wenn…

Und ich klinkte – vielleicht noch aus Neugier. Und da sich die Tür öffnete, stand ich im Zimmer des jungen Mannes. Rasend vor Erregung. Zechpreller koomen ins Gefängnis, Samstack! Ich knipste zitternd Licht an – und auf dem Nachttischchen lag…
Mein Gott, die Brieftasche! Ich ging nicht – ich wankte hin. Ich wühlte in Visitenkarten, Zetteln und… ja, in Geld. Ich sammelte mein Bewußtsein: Samstack! – wieviel nimmst du – Samstack!? – Da…

Da ging die Tür, und auf der Schwelle stand der junge Mann. Zuerst ebenso erschreckt wie ich. Er hatte runde Augen und schnupfte ein paarmal auf – vor Verlegenheit. Ich – ohnmächtig, ich brachte kein Wort hervor. Hatte ja nur eins im Sprachschatz: Samstack.

Der junge Mann sagte: ›Ich kenne Sie, nehmen Sie Platz.‹ Ich sank von selbst auf den Stuhl da neben dem Bett.

Ich erwartete: Aha! Nun wird sich der Fall auf ein höchst unfreiwilliges Abenteuer zuspitzen zwischen Mann und Weib.

Er aber setzte sich an den Tisch, fern von mir, und sagte, offenbar etwas ungehalten:

›Was soll ich mit Ihnen tun? Ich kann Sie doch nicht anzeigen? – eine junge Dame?‹

Dann lächelte er und begann ironisch:

›Haben gnädiges Fräulein dergleichen schon öfter...? Aber verzeihen Sie, ich möchte mich um des Himmels willen nicht in Ihre Berufsgeheimnisse mengen...‹

Ich saß immer noch da mit hangenden Armen, mit den zerknitterten Banknoten in der Hand...

Er war aufgesprungen, lief umher, rieb sich die Hände und lachte.

›Nein, so etwas! So etwas! Ich Musterknabe nehme mir vor, heute nicht zu pokern, lasse eigens meine Brieftasche da, gehe nur auf einen Sprung hinunter, angeblich nur zusehen – unterdessen... Nein, so etwas! So etwas!‹

Er blickte mich an, und ich dauerte ihn vielleicht. Er sprach von nun an ganz kühl – oh, das ist ja das Schreckliche – er hielt mich für eine gewerbsmäßige Hoteldiebin.

›Hören Sie, Fräulein‹ – und er zog die Stirn auf –, ›viel habe ich Ihnen nicht zu bieten. Ich habe nämlich schon wieder verloren. Muß morgen be-

zahlen. Aber ...‹ – er lachte mich freundlich an –,
›wenn Ihnen mit ein-, zweihundert Schilling ge-
dient ist? – – Warum antworten Sie denn gar nicht?‹
Seine Zähne blitzten, so lachte er. ›Ich sehe übrigens, Sie haben schon selbst die Höhe meiner
Junggesellensteuer bemessen, zweihundert Schilling genommen. Schön, auf dieser Grundlage ver-
gleichen wir uns! Nicht wahr – Sie sehen ein, daß
ich leider nicht mehr tun kann?‹

Da ... da warf ich das Geld von mir und wollt
hinaustaumeln.

Er breitete die Arme aus wie ein spielender Knabe,
als wollt er mich haschen; und sagte:

›Nichts da!‹ Hob die Noten auf und stopfte sie mir in
die Hand zurück. ›Nehmen Sie nur! Nehmen Sie
ruhig! Na, na! Hübsch artig sein! Nicht weinen! Es
geschieht Ihnen ja nichts. Ich zeige Sie doch nicht
an, ich schwöre Ihnen.‹

Und dann, Roda Roda, fand er ein Wort, das mir
unvergeßlich bleiben wird, solange ich lebe – nie
habe ich gedacht, daß ein Mensch so viel Zartgefühl
haben kann, so viel Kultur, und sei er ein noch so
wohlerzogener junger Mann.

Er war doch aus gutem Haus – ich, als Wienerin,
kannte seinen Namen.

Um mich zu bewegen, das Geld zu behalten, um
mir die Annahme zu erleichtern, sagte er:

›Es geht Ihnen doch offenbar schlecht – da können

Sie mir wohl erlauben, Ihnen mit einem kleinen Darlehen zu dienen? – wo ich Ihr Kollege bin?‹

Drückte mir mit seiner Hand meine Faust zu, führte mich an die Tür, schob mich sanft hinaus: ›Gute Nacht, Kollegin!‹ . . .

Draußen erst fiel mir ein: Samstack! Er gibt sich ja nicht für einen Kollegen von der Bühne aus – ahnt gar nicht, daß ich Schauspielerin bin –, sondern für einen Hoteldieb gibt er sich aus, um . . . mir über die peinliche Lage wegzuhelfen.

Heulend, vernichtet fiel ich in mein Bett.

Jung und stark erwachte ich. Erst die zweihundert Schilling da erinnerten mich, wo ich bin, was ich erlebt habe.

Und ich muß bekennen – mein Elend hatte mich so zermürbt, daß ich nur das Frohlocken empfand: Gerettet. Aber nun rasch fort, fort! Ich zahlte meine Rechnung, packte meine Siebensachen und lief auf den Bahnhof.

Sie können sich denken, Roda, daß mir die Geschichte nachging, daß ich diesen jungen Mann täglich in meinen Träumen sah, als Schreckgespenst.

Ich fand ein Engagement in Wien, nahm es an, zitternd vor Freude im ersten Augenblick – und eine Minute darauf klapperte ich vor Angst mit den Zähnen. Er wird mich doch erkennen? – auf der

Bühne? oder, noch furchtbarer für mich: erkennen im Leben?

Sie wissen, wie rasch mein Aufstieg war – ich siegte in der ersten Rolle. Man redete von mir, man feierte mich, strömte ins Theater. – Der junge Mann – es ist gar nicht anders möglich – erblickt mich eines Abends – er grinst... erzählt... warnt seine Freunde... Was bleibt mir übrig, als: aus dem Leben zu gehen? Ich wollte ihn um jeden Preis aufklären – nicht sein Schweigen erbitten, sondern sein Verständnis. Ich bemühte mich, ihm zu begegnen; machte die Häuser ausfindig, wo er verkehrte... Doch es war wie verhext; nie war er da, wo ich ihn doch bestimmt treffen mußte.

Oder wich er mir aus?

Der Vorsatz wurde herrschend in mir: ich muß, muß ihn sprechen. Ich faßte endlich den Stier bei den Hörnern und ging in das Restaurant, wo er des Abends zu essen pflegte; holte ihn vom Tisch, zog ihn mit mir in eine Ecke und begann:

›Sie waren in Gmunden?‹

Da sagte der wohlerzogene Mann mit einer fast unhöflichen Festigkeit:

›Gnädigste, ich kenne Sie sehr gut – natürlich – unsre berühmte Diva. Sie irren sich in meiner Person. Ich war in Gmunden. Dort aber...‹ – er verbeugte sich –, ›hatte ich nicht das Vergnügen, Sie kennenzulernen. Ich habe Sie nie anders als auf der Bühne gesehen – mein Wort darauf.‹ Mir blieb nur übrig, ihm die Hand zu drücken und mit einem gestammelten Dank davonzugehen.«

(aus »Das Schmuckkästchen«)

Jüdisches Poker

Wir waren schon eine ganze Weile zusammen und hatten wortlos in unserem Kaffee gerührt. Jossele langweilte sich. »Weißt du was?« sagte er endlich. »Spielen wir Poker!«

»Nein«, sagte ich. »Ich hasse Karten. Ich verliere immer.«

»Wer spricht von Karten? Ich meine jüdisches Poker.«

Jossele erklärte mir kurz die Regeln. Jüdisches Poker wird ohne Karten gespielt, nur im Kopf, wie es sich für das Volk des Buches geziemt.

»Du denkst dir eine Ziffer und ich denk' mir eine Ziffer«, erklärte mir Jossele. »Wer sich die höhere Ziffer gedacht hat, gewinnt. Das klingt sehr leicht, aber es hat viele Fallen. Nu?«

»Einverstanden«, sagte ich. »Spielen wir.«

Jeder von uns setzte fünf Agoroth ein, dann lehnten wir uns zurück und begannen uns Ziffern zu denken. Alsbald deutete mir Jossele durch eine Handbewegung an, daß er eine Ziffer gefunden hätte. Ich bestätigte, daß auch ich soweit sei.

»Gut«, sagte Jossele. »Laß deine Ziffer hören.«

»11«, sagte ich.

»12«, sagte Jossele und steckte das Geld ein. Ich hätte mich ohrfeigen können. Denn ich hatte zuerst 14 gedacht und war im letzten Augenblick auf 11 heruntergegangen, ich weiß selbst nicht warum.

»Höre«, sagte ich zu Jossele. »Was wäre geschehen, wenn ich 14 gedacht hätte?«

»Dann hätte ich verloren. Das ist ja der Reiz des Pokerspiels, daß man nie wissen kann, wie es ausgeht. Aber wenn deine Nerven fürs Hasardieren zu schwach sind, dann sollten wir vielleicht aufhören.«

Ohne ihn einer Antwort zu würdigen, legte ich zehn Agoroth auf den Tisch. Jossele tat desgleichen. Ich dachte sorgfältig über meine Ziffer nach und kam mit 18 heraus.

»Verdammt«, sagte Jossele. »Ich hab nur 17.«

Mit zufriedenem Lächeln strich ich das Geld ein. Jossele hatte sich wohl nicht träumen lassen, daß ich mir die Tricks des jüdischen Pokers so rasch aneignen würde. Er hatte mich wahrscheinlich auf 15 oder 16 geschätzt, aber bestimmt nicht auf 18. Jetzt, in seinem begreiflichen Ärger, schlug er eine Verdoppelung des Einsatzes vor.

»Wie du willst«, sagte ich und konnte einen kleinen Triumph in meiner Stimme nur mühsam unterdrücken, weil ich mittlerweile auf eine phantastische Ziffer gekommen war: 35!

»Komm heraus«, sagte Jossele.

»35!«

»43!«

Damit nahm er die vierzig Agoroth an sich. Ich fühlte, wie mir das Blut zu Kopf stieg. Meine Stimme bebte:

»Darf ich fragen, warum du vorhin nicht 43 gesagt hast?«

»Weil ich mir 17 gedacht hatte«, antwortete Jossele indigniert. »Das ist eben das Aufregende an diesem Spiel, daß man nie –«

»Ein Pfund«, unterbrach ich trocken und warf eine Banknote auf den Tisch. Jossele legte seine Pfundnote herausfordernd langsam daneben. Die Spannung wuchs ins Unerträgliche.

»54«, sagte ich mit gezwungener Gleichgültigkeit.

»Zu dumm!« fauchte Jossele. »Auch ich habe mir 54 gedacht. Gleichstand. Wir müssen noch einmal spielen.«

In meinem Hirn arbeitete es blitzschnell. Du glaubst wahrscheinlich, daß ich wieder mit 11 oder etwas Ähnlichem herauskommen werde, mein Junge! Aber du wirst eine Überraschung erleben …

Ich wählte die unschlagbare Ziffer 69 und sagte, zu Jossele gewendet:

»Jetzt kommst einmal du als erster heraus, Jossele.«

»Bitte sehr.« Mit verdächtiger Eile stimmte er zu. »Mir kann's recht sein. 70!«

Ich mußte die Augen schließen. Meine Pulse hämmerten, wie sie seit der Belagerung von Jerusalem nicht mehr gehämmert hatten.

»Nu?« drängte Jossele. »Wo bleibt deine Ziffer?«

»Jossele«, flüsterte ich und senkte den Kopf. »Ob du's glaubst oder nicht: ich hab sie vergessen.«

»Lügner!« fuhr Jossele auf. »Du hast sie nicht vergessen, ich weiß es. Du hast dir eine kleinere Ziffer gedacht und willst jetzt nicht damit herausrücken! Ein alter Trick! Schäm dich!«

Am liebsten hätte ich ihm die Faust in seine widerwärtige Fratze geschlagen. Aber ich beherrschte mich, erhöhte den Einsatz auf zwei Pfund und dachte im gleichen Augenblick »96« – eine wahrhaft mörderische Ziffer.

»Komm heraus, du Stinktier!« zischte ich in Josseles Gesicht.

Jossele beugte sich über den Tisch und zischte zurück:

»1683!«

Eine haltlose Schwäche durchzitterte mich.

»1800«, flüsterte ich kaum hörbar.

»Gedoppelt!« rief Jossele und ließ die vier Pfund in seiner Tasche verschwinden.

»Wieso gedoppelt? Was soll das heißen?!«

»Nur ruhig. Wenn du beim Poker die Selbstbeherrschung verlierst, verlierst du Hemd und Hosen«, sagte Jossele lehrhaft. »Jedes Kind kann dir erklären, daß meine Ziffer als gedoppelte höher ist als deine. Und deshalb –«

»Genug!« schnarrte ich und schleuderte eine Fünfpfundnote auf den Tisch. »2000!«

»2417!«

»Gedoppelt!« Mit höhnischem Grinsen griff ich nach dem Einsatz, aber Jossele fiel mir in den Arm. »Redoubliert!« sagte er mit unverschämtem Nachdruck, und die zehn Pfund gehörten ihm. Vor meinen Augen flatterten blutigrote Schleier.

»So einer bist du also«, brachte ich mühsam hervor. »Mit solchen Mitteln versuchst du mir beizukommen! Als hätte ich's beim letztenmal nicht ganz genauso machen können.«

»Natürlich hättest du's ganz genauso machen können«, bestätigte mir Jossele. »Es hat mich sogar überrascht, daß du es nicht gemacht hast. Aber so geht's im Poker, mein Junge. Entweder kannst du es spielen, oder du kannst es nicht spielen. Und wenn du es nicht spielen kannst, dann laß die Finger davon.«

Der Einsatz betrug jetzt zehn Pfund.

»Deine Ansage, bitte!« knirschte ich.

Jossele lehnte sich zurück und gab mit herausfordernder Ruhe seine Ziffer bekannt: »4.«

»100 000!« trompetete ich.

Ohne das geringste Zeichen von Erregung kam Josseles Stimme:

»Ultimo!« Und er nahm die zwanzig Pfund an sich. Schluchzend brach ich zusammen. Jossele streichelte meine Hand und belehrte mich, daß nach dem sogenannten Hoyleschen Gesetz derjenige Spieler, der als erster »Ultimo« ansagt, auf jeden Fall und ohne Rücksicht auf die Ziffer gewinnt. Das sei ja gerade der Spaß im Poker, daß man innerhalb weniger Sekunden –

»Zwanzig Pfund!« Aufwimmernd legte ich mein letztes Geld in die Hände des Schicksals.

Josseles zwanzig Pfund lagen daneben. Auf meiner Stirn standen kalte Schweißperlen. Ich faßte Jossele scharf ins Auge. Er gab sich den Anschein völliger Gelassenheit, aber seine Lippen zitterten ein wenig, als er fragte:

»Wer sagt an?«

»Du«, antwortete ich lauernd. Und er ging mir in die Falle wie ein Gimpel.

»Ultimo«, sagte er und streckte die Hand nach dem Goldschatz aus.

Jetzt war es an mir, seinen Griff aufzuhalten.

»Einen Augenblick«, sagte ich eisig. »Golda!« Und schon hatte ich die vierzig Pfund bei mir geborgen.

»Golda ist noch stärker als Ultimo«, erläuterte ich. »Aber es wird spät. Wir sollten Schluß machen.«

Schweigend erhoben wir uns. Ehe wir gingen, unternahm Jossele einen kläglichen Versuch, sein Geld zurückzubekommen. Er behauptete, das mit

Golda sei eine Erfindung von mir. Ich widersprach ihm nicht. Aber, so sagte ich, darin besteht ja gerade der Reiz des Pokerspiels, daß man gewonnenes Geld niemals zurückgibt.

(aus »Mein Freund Jossele«)

Barbara Noack

Anruf für Karlchen

Am selben Abend betrat Peter, dem die Decke seiner trostlosen Untermiete auf die Stimmung gefallen war, das Gasthaus am Markt in der Hoffnung auf irgendeine Ansprache. Das Wetter war seit zwei Tagen ungewöhnlich warm, auch die Abende – in München saßen seine Spezis vielleicht schon im Biergarten ... Mann, hatten die es gut.

Selbst gefestigte Frohnaturen mit ausreichendem Innenleben wie Peter verloren an Frohnatur, wenn sie Abend für Abend mit sich selber schweigen mußten. Und das am A ... der Welt ohne Auto.

Peter betrat also die Gaststube und fühlte sich sogleich rundum von neugierigen Blicken angefaßt: der neue Lehrer auch mal hier.

Auf der Suche nach einem Platz kam er am Honoratiorenstammtisch vorüber, wo die Karten zwischen Bierkrügen und Aschenbechern, aus denen es qualmte, auf die Tischplatte knallten. Ein Spiel war gerade zu Ende, Oberlehrer Schlicht schob mit der flachen Hand die Blätter zusammen und erkannte Peter: »Ach, sieh da, Herr Melchior!«

Nanu, dachte Peter, über die Maßen irritiert durch

_61_

einen Anflug von Freundlichkeit in Schlichtens Stimme. Und blieb stehen.

»Mein frischgebackener Kollege Melchior – Herr Bauunternehmer Finkenzeller, Herr Apotheker Frischler, Herr Hirn vom Kaufhaus Hirn«, stellte Schlicht vor.

Finkenzeller, schwarzkräuslig, stiernackig, in ländlich vornehmes Loden gekleidet, dröhnte jovial: »Na, wie gefällt Ihnen unser liebes Nebel? Schon umgeschaut?«

Seine Frage erwartete diktatorisch eine positive Antwort.

»Oh, danke«, sagte Peter, was an sich keine Antwort war.

»München ist es natürlich nicht«, sagte Apotheker Frischler. »Aber auch wir haben kulturell was zu bieten. Zum Beispiel unser kleines Orchester. Wir geben regelmäßig Konzerte. Spielen Sie ein Instrument?«

»Leider nein«, bedauerte er. »Musik ist nicht meine Stärke...«

Worauf der Stammtisch das Interesse an ihm verlor und Schlicht die Karten mischte, bevor er sie an Apotheker Frischler weitergab.

Peter wartete noch einen Augenblick ab, aber es kümmerte sich keiner mehr um ihn. Da ging er weiter auf der Suche nach einem freien Platz und entdeckte Benedikt Kreuzer. Die Striche auf seinem Bierfilz zeigten an, daß er auf dem direkten Wege war, sich abzufüllen.

»Hallo, Professor«, schaute Benedikt hoch und wies auf die drei leeren Stühle an seinem Tisch.

»Wenn Sie rasch – hick – zugreifen, kriegen Sie hier noch'n Platz.«

Peter setzte sich, aber es kam zu keiner Unterhaltung, weil Benedikt mit einem fein unterdrückten Schluckauf beschäftigt war.

»Haben Sie schon den Trick mit dem Glas probiert?«

»Nee – hick – wie geht der?«

»Also – Sie müssen das Glas mit dem äußeren Rand an den Mund setzen und beim Trinken die Nase zuhalten.«

Benedikt sah ihm dabei zu. »Ziemlich umständlich.« Und machte folgsam alles nach. Beide schauten erwartungsvoll.

Ein weiterer Schluckauf riß ihn von innen hoch.

»Sie müssen was falsch gemacht haben. Versuchen Sie's noch mal!«

Benedikt nahm das Glas, trank aber nicht, sondern lauschte in sich hinein. »Er ist weg.«

»Ohne Glas?«

Benedikt prüfte nochmals in sich hinein.

»Nichts mehr.«

»Schade«, sagte Peter. »Dann probieren Sie's beim nächsten Mal mit dem Glas.«

Benedikt zeigte auf sein Bier: »Ich probier es schon ne ganze Weile mit dem Glas.«

Pause.

»Gibt's hier eigentlich vernünftige Torten?« erkundigte sich Peter unvermittelt.

(Anmerkung: »Torte« ist eine Variante aus dem Konditorbereich, sie meint dasselbe wie Biene, Mieze, Mutter, Ische, Zahn, also ein Mädchen.)

»Die drei Spitzenmädchen von Nebel sind alle in festen Händen, beziehungsweise Fäusten, wenn man sie anzumachen wagt«, hatte Benedikt bereits ergründet. »Ja, bin ich lebensmüde!? Außerdem habe ich sowieso keine Lust...«

»Nicht?« Das konnte Peter nicht verstehen. »Also ich immer.«

Seit drei Wochen zappelte er bereits auf dem Trocknen, wenn das so weiterging...

»Übrigens habe ich eben bei unseren Honoratioren verschissen.«

»Ach nee – warum?«

»Ich spiele kein Instrument.«

»Bei mir haben sie auch schon vorgefühlt. Sie suchen dringend einen Flötisten für ihr Orchester. Der letzte ist ihnen weggestorben.«

Sie tranken ihr Bier und schauten in die Runde.

»Haben Sie mal was von Karlchen gehört?« fragte Benedikt nach einer Weile.

»Nein. Sie?«

»Auch nicht. Kaum gewöhnt man sich an sie, kommt sie nicht mehr.«

»Vielleicht sollten wir sie mal anrufen.«

»Ja, bloß wo?«

»Ich hab ihre Nummer in München.«

Aber dann tranken sie sich fest.

Irgendwann fiel ihnen Karlchen wieder ein. Das war so gegen elf Uhr dreißig.

Sie begaben sich an die Theke, um sie anzurufen. Benedikt drehte die Nummern, die Peter ihm diktierte.

Es tutete mehrere Male, bis Karlchen sich meldete.

»Hallo, Karlchen. Wir sind hier«, verkündete Benedikt aufschlußreich.

»Was sagt sie?« fragte Peter.

»Sie macht erst mal Licht.«

»Dann hat sie also schon geschlafen.«

»Ja. Sehr unangenehm. Müssen wir ihr schon was Liebes sagen.«

»Warum?« forschte Peter, der dagegen war.

»Weil wir sie aufgeweckt haben.«

»Aber was sagen wir ihr?«

»Na, vielleicht, daß wir sie vermissen.«

Peter überlegte. »Vielleicht nicht so direkt. Sonst versteht sie das falsch.«

»Wir sind ja zu zweit«, beruhigte ihn Benedikt, »da ist es ganz un- un-« Er suchte nach dem passenden Wort, es fiel ihm bloß nicht ein.

»Karlchen macht aber lange Licht.«

Endlich schrie sie ins Telefon, daß selbst Peter es hören konnte: »Also, daß ihr mich anruft, das find ich echt stark! Wie geht's euch denn? Erzählt doch mal!«

»Nicht doll«, versicherte Benedikt. »Peter auch nicht. Er hat's bloß näher zum Wirtshaus als ich.«

»Ihr habt wohl schon eine ganze Menge geschluckt, wie? Ihr sollt nicht soviel saufen«, mahnte Karlchen besorgt.

Im selben Augenblick tauchte in der Wohnzimmertür Marianne auf, den Gürtel des Bademantels eng um ihre Taille ziehend. Die kurzen Locken fielen in ihr vom Schlaf zerknittertes Kindergesicht.

»Wer ist denn dran?« wollte sie wissen.

Karlchen winkte ab: »Gleich«, und ins Telefon: »Jetzt geht aber heim. Geht wirklich! Hört ihr? – Und überlegt euch das mit dem Zusammenziehen.«

»Sag bloß, das war der Bayerische Wald!«

»Woher weißt du?«

»Und nicht bloß einer – gleich zwei?« staunte Marianne.

»Purer Zufall. Ich habe sie beide innerhalb 24 Stunden kennengelernt.«

»Und in welchen von beiden bist du verliebt?« interessierte sich Marianne.

»Verliebt?« Karlchen schob das Thema erschrokken von sich. »Darüber habe ich noch gar nicht nachgedacht. Ich könnte auch wirklich nicht sagen, welchen von beiden ich netter finde. Ich möcht's auch nicht. Wir sind eben Freunde, verstehst du?« Marianne lächelte nicht ohne Zweifel.

»Und außerdem sind sie auch überhaupt nicht in mich verknallt«, versicherte Karlchen, ehe sie in ihr noch angewärmtes Bett auf dem Sofa kroch.

»Du kommst mit zu mir. Du kannst nicht mehr Auto fahren«, beschloß Peter, als er mit Benedikt aus dem Wirtshaus stolperte.

»Warum kann ich nicht?«

»Weil du besoffen bist!«

Mit seitlich ausbuchtenden Schritten überquerten sie den Markt in Richtung Obermayersche Untermiete. Vor der Tür legte Peter den Finger auf den Mund. Dann schloß er geräuschvoll auf.

»Meine Wirtin ist eine Bisgurn.«

»Was ist eine Bisgurn?« fragte Benedikt, als sie auf die Treppe zustolperten.

»So eine wie meine Wirtin.«

»Aha.« Benedikt blieb stehen. Sein Zeigefinger fuhr auf die exakt ausgerichtete Parade von Schuhen im Flur los. Dabei hatte er eine hübsche Vorstellung: Schuhe am Garderobenhaken, auf dem Schrank, in der Lampenschüssel, im Schirmständer ...

»Was meinst du, Peter?«

Bei der Verwirklichung dieser Idee fielen ihnen immer neue Dekorationsmöglichkeiten ein. Dabei kicherten sie wie höhere Töchter.

Benedikt bemerkte zuerst Frau Obermayer im Nachtgewand.

»Schau mal«, rief er, »ein Spuk!« und scheuchte sie »kschscht, kscht« vor sich her.

Peter lachte röhrend. »Das ist doch meine Wirtin!«

»Ich weiß.«

Frau Obermayer holte tief und haßerfüllt Luft: »Sie sind gekündigt, Herr Melchior.«

»Gnä Frau –« Er suchte nach den Resten seiner Würde: »Ich kündige hiermit zurück.«

Ohne sich weiter um Frau Obermayer zu kümmern, stiegen beide mit Schuhen die Treppe hinauf und warfen die Tür hinter sich zu.

»So«, begriff Peter, auf sein Bett fallend, daß die Matratze krachte, »jetzt bin ich obdachlos.« Karlchens Schultütenschnaps fiel ihm ein. »Darauf müssen wir einen trinken.« Er hielt Benedikt die Flasche hin. »Sag mal, kann ich wirklich bei dir wohnen, bis ich was Neues gefunden habe?«

Während Peter am nächsten Morgen schwer verkatert zur Schule schlich – (Erste Stunde auch noch Turnen – bloß keine Übungen, bei denen er sich bücken mußte!) – packte Benedikt nicht weniger ölköpfig Peters Siebensachen in Koffer und Taschen, nahm versehentlich den geigenden Eremiten von der Wand, was zu Handgreiflichkeiten mit Frau Obermayer führte, und verließ erst das Haus, nachdem sie die halbe Miete für den angebrochenen Monat wieder herausgerückt hatte. Für sich selbst vermochte er wenig durchzusetzen, für andere war Benedikt stark.

(aus »Drei sind einer zuviel«)

»Freundchen«

Das auffallendste Recht, das die Zugehörigkeit zur Oberstufe verlieh, war, daß wir sitzen bleiben durften, wenn ein Lehrer eine Frage an uns richtete. Es war ein Recht, das unser Selbstbewußtsein erhöhte, aber nicht dadurch sind diese letzten drei Schuljahre mir besonders im Gedächtnis geblieben.

Es muß damals wohl so gewesen sein, daß zum Unterricht auf der Oberstufe nur diejenigen Lehrer gewählt wurden, die man für die besten hielt und die es meistens auch waren. Und es mag dazu gekommen sein, daß der Wille zur Reifeprüfung die davon Beseelten damals auf eine besondere Weise auszeichnete und sie mit einer innerlichen Verpflichtung erfüllte, die den Forderungen der Erzieher bereitwilliger entgegenkam, als es heute vielleicht der Fall ist.

Gewiß, auch dabei gab es Ausnahmen auf beiden Seiten, und der musikalische Professor mit dem Zylinder, der uns in die alt- und mittel-hoch-deutsche Dichtung einführen sollte, war auch hier nicht mehr als ein Clown, der immer über den Teppich fällt, den er in der Manege ausbreiten soll. Aber im ganzen waren diese drei Jahre doch mit dem schönen Hunger nach geistiger Speise erfüllt und mit dem tröstenden Gefühl, nicht Steine, sondern Brot zu empfangen. Ich habe schon erwähnt, daß nach dem Tode des »Löwen« ein neuer König in Ägyptenland eingezogen war, und dieses Mannes gedenke ich mit einer besonderen Dankbarkeit. Vermutlich war der englische Unterricht, den er uns auf den beiden Primen erteilte, nicht ein Muster von Wissenschaft oder Pädagogik. Aber musterhaft war die Liebe, mit der er seine Schüler umfing, die reine Würde, die seine Erscheinung, seine Haltung, seine Reden erfüllte, und vor allem die Tapferkeit, mit der er als ein aufrechter Mann in seinem Zeitalter stand.

Viel mehr, als ich mir zugeben mochte, bedurfte ich damals eines Vorbildes wahrer und männlicher Haltung. An »Idealen« war bei unsrer Erziehung kein Mangel, gleichviel, ob sie aus dem griechischen Altertum oder aus der preußischen Geschichte stammten. Aber an einer anschaulichen Bestätigung dieser Ideale, an einer greifbaren Verkörperung blasser Theorien hatten wir keinen Überfluß. Wir hatten keinen Religionslehrer, der, von seinem Katheder fort, Christi Jünger hätte werden können; keinen Historiker, der die Soldaten- und Staatsmannstugenden hätte verwirklichen können, die er mit soviel Begeisterung pries; niemanden, hinter dem »in wesenlosem Scheine« alles Gemeine zurückblieb, gegen das Schiller sich empört hatte: sie alle waren als Theoretiker des Edlen vorhanden. Aber in der Wirklichkeit hatten wir Religionslehrer, die unlustig zur Stunde kamen, Historiker, die vor dem Schulrat zitterten, Germanisten, bei denen das Allzumenschliche nicht nur ein wesenloser Schein war. Unverkennbar war die Kluft zwischen Lehre und Leben, und die Augen einer Klasse – die schärfsten Augen, die es auf dieser Erde gibt – erkannten sehr bald, was sie doch niemals hätten erkennen dürfen, und verdunkelten sich immer mehr, wo sie doch immer heller hätten leuchten müssen, je weiter man sie in das Reich des Geistes führte.

Aber meiner drei letzten Schuljahre habe ich doch mit Dankbarkeit zu gedenken, und mein Direktor lehrte mich das Kostbarste, was er lehren konnte: die Furchtlosigkeit vor Menschen und Menschenmeinung. Alles hätte geheilt werden können und ist ja auch geheilt worden, was durch Unverstand und Ungeschick bei uns erzeugt wurde: Unkenntnis und frühe Prahlerei, Skepsis und Verranntheit. Aber nicht zu heilen würde gewesen sein, wenn ich in dumpfer und blinder Angst vor Menschen und Menschenmeinung hätte aufwachsen müssen. Das wahrhaft Heldische, das über der Stirn auch unsrer Jugend gestrahlt hat, die Fähigkeit zur Hingabe an das Unbedingte, der schöne Anfang einer immer neuen Welt: alles wäre erstickt worden unter der Last von Dogmen, wenn diese drei letzten Jahre mich anders geführt hätten, als es geschehen ist, und wenn ich in jener entscheidenden Zeit nicht Männer gefunden hätte, die ich nicht nur achten, nicht nur verehren, sondern auch lieben durfte.

Auch ist mir in der Erinnerung so, als wären mit dem »einjährigen Zeugnis« alle diejenigen aus unsrer Gemeinschaft verschwunden, die sie mit ihrem Charakterbild verdunkelten, Frühwissende und ihr Wissen nicht Verschweigende, und eine reinere Luft scheint mir um die Bänke zu wehen, auf denen wir während der letzten drei Jahre gesessen haben. Ich neide dem Primus seinen Platz nicht mehr, ich höre auf, mit zweifelhaften Gefährten die zweifelhaften Kneipen unserer Straße zu besuchen. Das Lockende und Verderbende einer großen Stadt weicht vor dem Glanz zurück, der aus Büchern, Schicksalen und Völkern vor uns aufgerichtet wird. Zum erstenmal seit frühen Kindertagen beginnen große Beispiele wieder mein Leben zu lenken, ein reinerer Ehrgeiz entzündet sich wieder in der Seele, Freundschaften werden geschlossen, so glühend wie zu Schillers Zeiten, und zu den Füßen der Lehrer sitze ich wieder so gläubig und hingegeben wie ehemals zu den Füßen meiner Mutter oder Tante Veronikas.

Auch in diesen Jahren hat es an Schmerzen nicht gefehlt. Die Mathematik gräbt mir eine Wolfsgrube nach der anderen. Vertane Jahre rächen sich, nicht immer reicht der Nebenmann im Leben aus, und es gibt trigonometrische Katastrophen an der Tafel, von denen ich noch heute träume. Die erste mangelhafte Zensur, die infolgedessen mein Zeugnis entstellt, verstärkt durch einen Tadel wegen »versuchter Täuschung«, bewegt mich zu einem der langen »Bekenntnisbriefe«, die an entscheidenden Stellen meines Lebens stehen und aussprechen, was ich niemals mit den Lippen sagen würde. Und dieser nun teilt meinen Eltern meinen Entschluß mit, die Schule zu verlassen und Förster zu werden.

Ein trauriger Tag in meinem Elternhaus! Jahre der Sorge, der Armut, der bitteren Not umsonst gelebt, da nun der Älteste Soldat ist und der Jüngste nicht *mehr* werden will, als was sein Vater ist. Trost und Zuspruch von meiner Mutter, von meinem Vater aber in ganz einfacher Pädagogik das Angebot, mir eher einen Strick zum Aufhängen zu schenken als die erbetene Erlaubnis zu erteilen. Und da die Mathematik immer noch leichter zu tragen scheint als der Strick, endet auch dieser letzte Versuch, mein Leben noch einmal zu seiner Herkunft zurückzuführen.

Auch ist das Dasein nicht hoffnungslos. Noch gibt es für jeden Schmerz einen Trost, und gerade in diesen Abschnitt meiner Mutlosigkeit hat die freundliche Natur meine »elegante Periode« eingeschoben, als einen Versuch, mir Entgangenes durch die Öffnung eines neuen Tores zu ersetzen, so wie sie mein erstes brennendes Heimweh durch die Lebemannperiode zu stillen versuchte. Und wenn ich auch bald erkannte, daß das Schicksal mich nur freundlich getäuscht hatte, wie man ein weinendes Kind mit dem Ticken einer Taschenuhr täuscht, so hatte die Täuschung mir doch über den größten Schmerz hinweggeholfen.

Damals, in den ersten Jahren unseres Jahrhunderts, war zu den äußersten Grenzen Ostelbiens noch keine Kunde von dem gedrungen, was an den Grenzen Berlins als eine Revolution der Jugend sich zu gestalten begann. Wir besaßen weder eine Laute noch einen Kochkessel, noch eine Wanderkluft, und wenn wir auf der Oberstufe unsren zwei- oder dreitägigen Sommerausflug machten, so fand an jedem Abend unter dem sachverständigen Vorsitz des Ordinarius ein Kommers statt, Studentenlieder wurden gesungen, und wir glaubten, in der Welt bereits zu Hause zu sein, die wir leidenschaftlich ersehnten und die uns endlich bringen sollte, was wir wie im Fieber erwarteten: die Freiheit.

Ich bin überzeugt, daß, wenn einer von uns gewagt hätte, ohne Kopfbedeckung und in kurzen Hosen seine Prima zu betreten, die Klasse ihn gezwungen haben würde, als ein Aussätziger sofort die Stunde zu verlassen, und daß alle Lehrer dieser Verurteilung zuchtloser Haltung zugestimmt haben würden. Und da das Natürliche auf diese Weise uns gänzlich fremd blieb, so war es vielleicht nur eine Reaktion unserer nach Unbedingtem strebenden Jugend, daß wir, wenn schon keine Muster der Natur, so doch Muster der Eleganz sein wollten.

Wir kamen also jeder mit einer Melone auf dem Kopf in die Schule, von der die bessere Ausführung, wenn ich mich richtig erinnere, fünf Mark, die geringere drei Mark und achtzig Pfennig kostete. Sie sahen sehr schön aus, und sie hielten auch lange, wenn nicht Böswillige einen gewaltsamen Einbruch in ihre künstliche Rundung unternahmen. Es war wohl kein Zufall, daß diese starre und unveränderliche Form einer Kopfbedeckung uns als die natürliche erschien und daß weiche Hüte uns bereits etwas »Laszives« in Charakter oder Lebensführung anzudeuten schienen. Auch paßte es durchaus dazu, daß wir Kragen von sechs bis acht Zentimeter Höhe zu tragen pflegten, steif geplättet, und daß ein Primaner mit der größten Kragenhöhe sich eines ähnlichen Ansehens erfreute, wie andre Zeiten es der Riesenwelle oder der Kenntnis Platons zuerteilen.

Unser gesellschaftliches Ideal aber – und allerdings auch nur dieses – war eben der Referendar und der

Reserveleutnant, und die weisen Verse »Dein höchstes Ziel, mein Sohn, auf Erden, sei dies: Geheimer Rat zu werden!« drückten aus, was nicht nur die zu Erziehenden, sondern auch die Erzieher und die Erziehung erfüllten. Es war also nur selbstverständlich, daß wir diesen starren »Oberbau« unsrer körperlichen Existenz in ein Paar sehr enge und sehr glänzende Lackschuhe stellten, daß wir ein silbernes Armband um das Handgelenk trugen und in der linken Manschette ein seidenes und sehr buntes Taschentuch. Niemals in meinem Leben habe ich so viel Sorgfalt auf meine Krawatten verwendet wie damals, und wenn ich mein Bild im Spiegel betrachtete, was nicht gerade selten geschah, so versicherte es mich, daß ich eben unwiderstehlich war.

So ausgerüstet begann also die zweite Eroberung dieser stumpfen Welt, und daß sie nicht viel erfolgreicher endete als die erste, lag eben daran, daß in dieser Welt das Unwiderstehliche leider ein relativer Begriff zu sein scheint und daß der weibliche Teil der Menschheit nicht immer so von dem Strahlenden unsrer Existenz überzeugt war, wie die Gerechtigkeit es hätte gebieten müssen. Auch fehlte es uns zum Glück nicht an gütigen Erziehern, die die Fähigkeit hatten, mit einem fröhlichen Blick aus halbgeschlossenen Augen vieles von dem Glanz zu entweihen, den wir so schön und so feierlich zur Schau trugen, und die mit bewußter Bosheit lang bei dem Bilde des jungen Hebbel etwa verweilten, wie er von München nach Hamburg wandert, einen Stock in der Faust und den kleinen geliebten Hund an der Seite. Unsicherheit aber ist der Todeskeim aller Extreme, und es blieb uns nichts andres übrig, als entweder in finstrem Stolze zu verharren oder unsren Purpurmantel langsam von den Schultern gleiten zu lassen und gleichsam im Bettlerkleid wie der verlorene Sohn zu den stillen Quellen des Geistes zurückzukehren.

Ihres reinsten und geliebtesten Wächters aber, des Lehrers, der uns die beiden letzten Jahre im Deutschen unterrichtete und den wir »Freundchen« nannten, weil er uns so zu nennen liebte, muß ich hier mit der Dankbarkeit gedenken, die ich den ganz wenigen entscheidenden Führern meiner so unruhigen und so wirren Jugend bewahre. Ich habe keinen Zweifel daran, daß mein ganzes Leben anders verlaufen sein würde; daß das Verhältnis zwischen »Körper« und »Geist« sich bei mir anders entwickelt haben würde; daß das Streben nach Echtheit und schmucklosem Sein niemals in dieser Stärke mein Leben regiert haben würde: wenn nicht während dieser beiden Jahre die fast ausschließliche Leitung meines inneren Lebens in seinen klugen, starken und gütigen Händen gelegen hätte.

Er war ein gleichsam unwiderstehlicher Mensch. Nicht etwa, daß er schwärmte oder glänzte oder fortriß. Viel eher war etwas Nüchternes in seiner Erscheinung und Führung, etwas gänzlich Phrasenloses. Und es ist kein Zufall, daß von allen greifbaren Beeinflussungen meines Wesens durch ihn mir zwei am deutlichsten in der Erinnerung geblieben sind.

Die erste fand statt, als ich noch kaum seinen Namen kannte, etwa zu meiner Untertertianerzeit. Damals hatten wir eine Art von »Sport« ausgebildet, der uns die Pausen zwischen den Stunden erheiterte und der darin bestand, daß wir uns auf der Treppe aufstellten und jeden der herabgehenden Septimaner oder Sextaner mit einem Stoß auf eine etwas schnellere als die natürliche Weise die Treppe hinunterbeförderten. In dieser Tätigkeit begriffen, wurde ich meines Tyrannenmantels plötzlich auf eine jähe Weise entkleidet, indem ich von hinten eine unvermutete und sehr präzise gezielte Backpfeife erhielt, hinter der Freundchen lächelnd die Treppe hinunterstieg, wobei er mich von einer der unteren Stufen noch einmal aufmerksam betrachtete. Und man wird, gleichviel von welchem Standpunkt, verstehen, wenn in dieser wortlosen Handlung für mich eine erziehende Kraft gelegen hat, die mich für viele Jahre, ja vielleicht für immer von dem Ehrgeiz geheilt hat, in den Lauf der

Natur gewalttätig eingreifen zu wollen und das bekannte Wort Nietzsches: »Was fällt, das soll man auch noch stoßen« nun dahin zu erweitern, daß man auch das stoßen solle, was noch gar nicht fallen will.

Die zweite unvergeßliche Einwirkung fand nach Jahren statt, als ich schon Oberprimaner war. Ich war damals, in meiner weltschmerzlichen Periode, von der noch die Rede sein wird, bei den Skeptikern der Philosophie und des Lebens zu Hause, bemühte mich – mit wenig Erfolg – Ideale, Pathos und dergleichen zu verachten, hielt Schiller für einen bengalisch leuchtenden Komödianten und befand mich somit auf der harmlosen Stufe jenes jugendlichen Nihilismus, die wir alle bestiegen und überschritten haben, aus denen etwas Ordentliches geworden ist.

Nun hatten wir damals einen Aufsatz mit einem Thema nach freier Wahl zu schreiben, etwas Unerhörtes in damaliger Zeit, und ich hatte mich in geradezu vernichtender Weise über die »Braut von Messina« ausgelassen, die wir eben gelesen hatten, und wobei mir Hebbels hartes Urteil über dieses Werk gerade zur rechten Zeit unter die Hände gekommen war. Und wenn schon die Rückgabe eines Aufsatzes im allgemeinen bei diesem Lehrer für uns alle etwas Besonderes war, durch die Art und Weise, wie er sie vornahm, so saß ich in diesem Falle mit besonders gemischten Gefühlen auf mei-

nem Platz, halb wie ein Held, der seinen ersten
Lorbeerkranz erwartet, und halb wie ein Fanatiker,
der einen Dianatempel in Brand gesteckt hatte.

Freundchen kam herein wie sonst, nur etwas ern-
ster als üblich, die Hefte unter dem linken Arm, und
wie sonst setzte er sich auf die vorderste leere
Bank, bequem und nachlässig, als einer, der auf
keine besondere Haltung zu achten nötig hat. Und
dann gingen hinter seinem goldgeränderten Knei-
fer seine Augen langsam einmal von Gesicht zu
Gesicht, mit dem durchdringenden Blick, den wir
so liebten und fürchteten. Und in der atemlosen
Stille, die dieser Blick erzeugte, begann er, wie
abwesend vor sich hinsprechend, das zu sagen, was
mir noch heute fast wörtlich in der Erinnerung ist:
»In dem schmalen, engen Schlafzimmer seines
Hauses zu Weimar liegt Friedrich Schiller auf seinem dürftigen Lager. Eben ist ein Anfall seiner
furchtbaren Atemnot vorübergegangen, noch steht
der Schweiß auf seiner blassen Stirn, und seine
Hände tasten unruhig über die zerwühlte Bett-
decke. Da wird ihm ein Heft im blauen Umschlag
gebracht. Er schlägt es auf, und seine Augen lesen
den folgenden Satz: ›So bleibt von der ganzen
Braut von Messina nichts übrig als eine blutige,
schauerliche Historie, mit Gewaltsamkeit und Ro-
heit gestaltet, auf den Effekt hin gearbeitet, von
einer Wirkung, der die Rohen verfallen, von der

aber die Edlen sich schaudernd abwenden.‹ Er läßt das Heft sinken und schließt die Augen, und um seine Lippen werden zwei dünne scharfe Linien des Grauens sichtbar, als hätte dieses Urteil sie in das edle Gesicht eingegraben ...«

Nichts weiter. Der Lehrer schweigt. Wir schweigen. Nur mein Herz schlägt, und ganz heimlich wenden ein paar Augen aus der Klasse sich mir zu. Nicht lange dauert das, dann zieht Freundchen seinen schmalen Zettel heraus und beginnt, das Allgemeine über die Arbeiten zu sagen. Aber in diesen wenigen Sekunden ist mehr in mir vorgegangen als sonst in Monaten und Jahren: die tiefe und segensvolle Beschämung eines Menschen, der vergessen hatte, was noch den Geringsten unter uns adeln und bewahren kann: die Pietät.

Der Aufsatz war mit »gut« zensiert, und als Freundchen ihn mir zurückgab, nickte er mir zu. Es ist weiter nicht darüber gesprochen worden. Alles Nötige war gesagt worden, und er wußte, daß jedes Wort zuviel alles zerstört haben würde. Dieser Lehrer war auch der einzige, den wir mitunter in seinem Hause besuchten und zu dem wir Nöte und Schmerzen tragen durften, über die man zu unsrer Zeit nicht zu sprechen pflegte, am wenigsten aber zu einem unserer Erzieher.

Seine Petroleumlampe aus blankem Messing mit dem grünen Schirm beschien ein Heim der Ordnung, der Arbeit, der Kunst und des Friedens, und bei ihrem sanften Licht haben viele von uns die beste Hilfe erfahren, die das Leben ihnen jemals beschert hat. Ihr Licht ist auf meine ersten Bekenntnisse und auf meine ersten Manuskriptblätter gefallen, und immer in meinem Leben, wenn Trostsuchende und Verzweifelte bei mir gesessen haben – und es sind nicht wenige gewesen –, hat dieses Licht vor meinen Augen gestanden, eine sanfte und eindringliche Mahnung, und kann es wohl eine schönere Unsterblichkeit für einen Erzieher geben als eine solche?

Er ist bald nach meiner Reifeprüfung gestorben, zu Pferde, an einem Herzschlag, ein schöner und stolzer Tod für ein so adliges und reiches Leben. Ein paar Jahre später haben wir ein Denkmal über seinem Grabe errichtet. Darauf steht: »Professor Ernst Grohnert von seinen dankbaren Schülern«. Der Sandstein wird verwittern unter dem strengen Himmel meiner Heimat. Aber sein Name wird nicht untergehen im Gedächtnis derer, die zu seinen Füßen gesessen haben, weil er im Stillen und Bescheidenen erreicht hat, was so viele unter uns im Lauten und Anspruchsvollen niemals erreichen werden: ein Stück Ewigkeit.

(aus »Wälder und Menschen«)

Wirbelsturm

I

Die Köchin hörte es schellen, ging aus der Küche in das Vorzimmer hinaus und hieß Kyrill Brewkow eintreten, der zu dem Hausherrn, Terentjew, zu Besuch kam.

Brewkow war ein hochgewachsener Mann mit lauter, lachender Stimme und lustigem Gesicht, aus dem eine gerötete Nase und ein paar strahlende Augen kreuzfidel in die Welt schauten.

Ein flüchtiger Blick auf dies Dreieck, dessen Winkel die Augen und die Nase bildeten, genügte, um die Überzeugung zu gewinnen, daß Brewkow auf dieser Erde sorglos und vergnügt dahinlebte, viel aß, viel redete und überall Stoff in Fülle fand, um einen Schabernack auszuhecken und sein übermütiges, heutzutage so seltenes Lachen anzuschlagen...

»'n Tag, Pelageja! Na, wie geht's?«

»Danke, Herr. Bitte näherzutreten.«

»Halt, warte mal... Ohoho! Aber was ist denn mit dir, meine Beste, vorgegangen?!« Er nahm ihr von der Herdglut gerötetes Gesicht zwischen beide Hände und kehrte es zum Licht.

»Du bist ja gar nicht wiederzuerkennen!! Bist du denn krank?«

»Nein... nein«, stotterte Pelageja erschrocken. »Sehe ich denn so aus?«

»Mein Gott, du bist ja bleich wie die Wand! Direkt, um dich einzusargen! Du hast wohl den Typhus gehabt, wie?«

Die hochrote Pelageja fuhr vor Schreck zusammen und erbleichte in der Tat.

»Sollte ich denn wirklich krank sein?«

»Aber um Himmels willen! Wenn dir einer, der dich nicht von früher her kennt, begegnet – er hält dich ja für ein Gespenst! Das Gesicht – aschfahl, und dann dieser Fieberglanz in den Augen! Sollte man das wohl für möglich halten? Und so abgemagert, so heruntergekommen...!«

Die Köchin ächzte, schlug verzweifelt die Hände zusammen und lief laut tappend in die Küche; Kyrill Brewkow aber sah ihr lachenden Blickes nach und trat in das Wohnzimmer.

Zum Empfang kam ihm der zwölfjährige Grischa entgegen.

»Guten Tag, Kyrill Iwanytsch«, sagte er mit einer artigen Verbeugung. »Papa wird gleich erscheinen.«

Brewkow setzte eine ernste, betrübte Miene auf,

schlich sich auf den Zehenspitzen an Grischa heran und flüsterte geheimnisvoll:

»Haben Sie es ihm schon gestanden?«

»Was – gestanden?«

»Daß Sie nicht zum Examen zugelassen sind?«

Grischa stand wie vom Donner gerührt und starrte bestürzt in Kyrill Brewkows blitzende Äuglein. »Wieso – nicht zugelassen? Ich bin zugelassen.«

»So – o?« machte Brewkow gedehnt. »Glauben Sie das? Nun, dann gratuliere ich! Selig sind die, die da glauben... Hehehe!...«

Er ließ sich in einen Sessel fallen und senkte übertrieben düster den Kopf.

»Es tut mir leid um Sie, Grischenka... Daß auch gerade Ihnen so eine Sache passieren muß!«

»Was für eine Sache?!«

»Die Sache eben, daß ich heute Ihren Direktor Urugwajew getroffen habe. ›Nun‹, frage ich ihn, ›wie macht sich denn bei Ihnen der junge Grigori Terentjew?‹ ›Hundsmiserabel‹, sagt er. ›Auf der Lehrerkonferenz ist beschlossen worden, ihn nicht zum Examen zuzulassen!‹ Das ist die Sache, junger Mann!«

Hätte Grischa ein wenig aufmerksamer hingeschaut, so hätte es ihm nicht entgehen können, wie die vollen Lippen Brewkows vor mühsam unterdrücktem Lachen bebten, während seine Augen wie Brillanten funkelten. Aber Grischa hatte in diesem Augenblick ganz andere Dinge im Kopf.

Er zog den Kopf in die schmalen Schultern ein, schlich sich still ins Kinderzimmer und murmelte nur unaufhörlich einen Satz vor sich hin, der ihm in diesem Augenblick, er wußte selbst nicht warum, in den Sinn kam: »Mein Vater im Himmel! In deine Hände befehle ich meinen Geist!«

II

Terentjew trat in das Wohnzimmer und umarmte seinen Gast.

»Willkommen, Kyrill! Sogleich wird auch meine Frau erscheinen!«

Alsbald erschien auch die Frau.

Sie war eine hagere Dame mit dünngeschnittenen Lippen und einer Frisur, die sich turmhoch über ihre wachsgelbe Stirn erhob.

»Anna Ewgrafowna! Küß die Hand! Hocherfreut, Sie zu sehen! Sind Sie schon lange aus Moskau zurück?«

»Seit vorgestern.«

Sie warf einen forschenden Blick auf die Männer und fragte dann mit gemachtem Gleichmut:

»Nun, und Sie, meine Herren, wie haben Sie die Zeit ohne mich verbracht?«

Kyrill Brewkow hatte eigentlich die Absicht, der Wahrheit gemäß zu antworten, er habe den Gatten seit ihrer Abreise nicht gesehen, aber der lauernde Gesichtsausdruck Anna Ewgrafownas erschien ihm dermaßen komisch, daß er nur, geheimnisvoll lächelnd, hinwarf:

»Na so ... auf alle mögliche Weise ...«

»Ja –?« machte die Hausfrau mit einem schiefen Lächeln. »Hm ...«

»Apropos!« wandte sich Brewkow an den Gatten. »Gestern habe ich auch die Polin wieder gesehen.«

»Welche Polin?«

»Nun, die – du weißt doch ... die Stanislawa. Der du das Kleid mit Tokayer begossen hast. Wir haben deiner noch gestern gedacht.«

Hierbei zwinkerte Brewkow dem Freunde vielsagend zu. Aber der Wink war völlig überflüssig, Terentjew kannte den übermütigen, pfiffigen Brewkow genau und hatte sich von Anfang an vorgenommen, ihn nicht im Stich zu lassen.

Er warf ihm einen scheinbar erschrockenen Blick zu, drohte mit dem Finger und sagte:

»Kyrill! Du hast doch versprochen, den Mund zu halten!«

»Den Mund zu halten?« sagte der. »Nun ja, wenn ich doch aber weiß, daß Anna Ewgrafowna eine durchaus freidenkende Dame ist, die einen kleinen Seitensprung des Gatten ohne weiteres versteht und verzeiht? Um so mehr, als es doch nicht mal viel gekostet hat. Wieviel hast du eigentlich bezahlt? Hundertundvierzig?«

»Ja, hundertundvierzig. Und zehn Rubel Trinkgeld.«

Die Frau saß da und blickte bald den einen, bald den anderen Spaßvogel an, um zu guter Letzt auszurufen:

»Ach, ihr schwindelt ja alle beide! Ihr wollt mich bloß zum Narren halten!«

Um keinen Preis der Welt hätte Brewkow zugelassen, daß seine Späße sich so mühelos aufklären ließen.

»Wir schwindeln?« sagte er. »Nun gut! Hahaha! Ja, Anna Ewgrafowna, wir wollten Sie in der Tat nur zum Narren halten! Legen Sie dem Gesagten keine weitere Bedeutung bei...«

Er schwieg ein Weilchen und wandte sich dann an Terentjew:

»Aber was die Morenita anbelangt, die Spanierin, so hast du wirklich recht gehabt!«

Terentjew hatte zeit seines Lebens weder eine Spanierin, viel weniger noch eine Morenita gekannt, dennoch zeigte er sich darüber, daß er recht behalten hatte, aufs höchste erfreut.

»Siehst du«, sagte er befriedigt. »Ich wußte ja, daß es so kommen würde!«

»Ja, ja«, nickte Kyrill. »Sie ist von dir geradewegs zu

dem Jongleur gefahren. Haha! Und was hat sie dir im Laufe des Abends nicht alles zugeflüstert und zugeschworen!«

Er schlug sich plötzlich mit der flachen Hand vor die Stirn.

»Übrigens, sag mal, – was ich dich immer schon fragen wollte: hast du mir etwa damals morgens den gelbseidenen Strumpf in die Tasche gesteckt?«

»Ah, du hast ihn also gehabt?« lachte Terentjew. »Und wir haben ihn wie eine Stecknadel gesucht!«

Die Gattin Terentjews saß steif und gerade, wie ein Plättbrett, gesenkten Blickes da.

»Ist das Ihr Ernst... meine Herren?« fragte sie in unheimlich ruhigem Tone.

Kyrill Brewkow schrak scheinbar zusammen. »Donnerwetter, ja! Ich habe, glaube ich, ein bißchen zuviel geschwätzt! Ich bitte um Verzeihung! Ich hätte diese Dinge in Ihrer Gegenwart vielleicht nicht erwähnen sollen...«

Anna Ewgrafowna war aufgesprungen.

»Ist... das... Ihr... Ernst?!!«...

Im Tonfall ihrer Stimme lag etwas, das ihren Gatten veranlaßte, sich zu ducken und ein nervöses Lachen anzuschlagen.

»Ja, merkst du denn nicht, meine Teure, daß wir von Anfang an Spaß machen? Weder bin ich ausgewesen, noch habe ich während deines Fortseins

Kyrill gesehen. Ich habe die ganze Zeit über zu Hause gesessen...«

Terentjew hatte geglaubt, hiernach werde auch Brewkow sogleich zu lachen beginnen und ihm helfen, seine Frau zu beruhigen.

Aber Brewkow war nicht von solcher Art.

»Nehmen Sie das denn wirklich so zu Herzen, Anna Ewgrafowna?« fragte er. »Sagen Sie mir doch mal aufrichtig – was ist denn eigentlich so Schlimmes passiert? Alle Männer machen ja schließlich dasselbe und bleiben doch nach wie vor zärtliche, liebende Gatten! Wegen eines flüchtigen Schäferstündchens mit einer kleinen Seiltänzerin braucht man doch wahrlich nicht...«

Die Frau hatte das Gesicht mit den Händen bedeckt, weinte und stieß schluchzend hervor:

»Taugenichtse seid ihr! Nichtswürdige, lasterhafte Schufte!«...

»Kyrill!« sprang Terentjew auf. »Genug! Hör jetzt auf! Anitschka... er sagt das doch alles nur absichtlich...«

»Wage mich nicht anzurühren, Elender! Ich bin keine Spanierin!«

»Gnädige Frau!« legte sich Brewkow ins Mittel. »Er wird es ja nicht wieder tun, er wird sich ja bessern...«

Anna Ewgrafowna stieß den Gatten von sich und ging, die Tür zuwerfend, ins Schlafzimmer.

»Nette Geschichte!« seufzte Terentjew und kratzte sich mutlos den Kopf. »Mußtest du denn auch solchen Blödsinn austüfteln?!« ...

Kyrill Brewkow aber saß in seinem Sessel und lachte aus vollem Halse, unaufhörlich – wie ein Kind.

III

»Anjuta! Hör mal, Anjuta!?... Also mach doch auf! Nun laß doch die Dummheiten! Wir haben doch nur Spaß gemacht...«

Schweigen.

»Anjuta, Anja! Was machst du denn da? Schließ doch endlich auf! Kyrill hat sich über dich lustig machen wollen, und du hast es für bare Münze genommen... hahahaha!«

»Lüge nicht! Lüge wenigstens jetzt nicht... um unserer einstigen Beziehungen willen...! Sowieso: ich glaube deinen Beteuerungen nicht...«

Aus dem Schlafzimmer kam Schluchzen. Dann aber wurde es für eine Weile ganz still.

Und dann ging unerwartet die Tür auf, und in ihrem Rahmen erschien Anna Ewgrafowna im Hut, einen Reisekoffer in der Hand.

»Ich reise zu meiner Tante. Geben Sie sich keine Mühe, mich aufzusuchen, denn es ist vergebens. Und bereiten Sie Grischa vor; es ist mir zu schmerzlich, ihn jetzt zu sehen. Leben Sie wohl, Brewkow.«

»Aber, Anna Ewgrafowna«, rief Kyrill, auf sie zueilend. »Haben Sie das denn allen Ernstes geglaubt? Um Himmels willen, wir haben doch nur Spaß gemacht!!«

Sie lächelte schwach und schüttelte den Kopf.

»Lügen Sie nicht, Brewkow. Es ist etwas Großes um die Freundschaft, aber für Lumpen soll man sich nicht einlegen.«

»Anna Ewgrafowna...«

»Weg!! Genug.«

Sie wehrte den Gatten ab und schritt hocherhobenen Hauptes aus dem Zimmer (denn sie hatte sich bereits vor zehn Minuten vorgenommen, dies Haus »hocherhobenen Hauptes« zu verlassen).

»Daß der Teufel dich hole, Brewkow«, sagte Terentjew aufrichtig. »Was willst du denn noch? Was suchst du hier noch?«

»... Was ich will?« schrie die Köchin Pelageja in der Tür. »Ich will Euch sagen, daß Ihr samt und sonders Blutsauger seid! Einer armen Witwe das Blut abzapfen und sie unter die Erde bringen – das versteht Ihr! Darauf seid Ihr also aus? Das wollt Ihr, ja? Ich bitte um meinen Lohn!«

»Ja, bist du denn närrisch geworden? Wer saugt denn dein Blut?«

»Das weiß ich am allerbesten! Fremde reden ja schon davon… soweit haben Sie mich gebracht…! Ihretwegen kann ich mich in ein, zwei Wochen vielleicht begraben lassen, und da soll ich womöglich stillschweigen?!… Sie haben nicht einen Funken Gefühl im Leibe! – ja, reden Sie nur noch! Eher geht ein Fremder daher und bemitleidet einen! – ›Sie sehen aus wie ein Gespenst, Pelageja Wassiljewna‹, sagt er, ›Sie müssen todkrank sein…‹ Aber Ihnen – Ihnen ist das ganz egal – die Hauptsache ist, ich rackere mich für Sie ab! Hüh, hüh!«…

Sie setzte sich auf die Diele und ließ dem Strom ihrer Tränen Lauf.

»Raus mit dir!« brüllte Terentjew. »Da hast du dein Geld, da hast du den Paß und nun scher dich von dannen! Na… da soll euch doch alle miteinander der Satan holen!«

Terentjew packte seine Mütze, stülpte sie über die Augen und stürmte davon.

Die Korridortür fiel krachend hinter ihm ins Schloß.

Auch Pelageja erhob sich und ging.

Vor dem Fortgehen jedoch machte sie Kyrill eine tiefe Verbeugung und bedankte sich.

»Meinen gehorsamsten Dank, Väterchen! Wenigstens hast doch du dich der Witwe angenommen!« Der erstaunte Kyrill kratzte sich den Kopf, brummte etwas in den Bart und begann in dem verödeten Zimmer umherzuwandern.

IV

Im Kinderzimmer raschelte etwas.

Der kleine Grischa kam auf Zehenspitzen ange-schlichen, erblickte Brewkow, sprang entsetzt zur Seite, warf irgendeinen Zettel auf den Boden und rannte wie besessen zum Ausgang.

»He, wohin so schnell?« rief ihm Brewkow nach.

»Ich laufe weg! Nach Amerika!« schrie Grischa, ohne sich umzuschauen.

Kyrill hob den Zettel vom Fußboden auf und las: »An meinem Tod trägt niemand die Schuld. Schuld hat allein der Direktor Urugwajew. Ich fahre mit Mitja Kossich nach Amerika. Nachschrift: Ich wußte nicht, wie ein solcher Zettel beginnen muß und habe deshalb mit dem Tode angefangen. Eigentlich aber fahren wir also nach Amerika. Der Schüler der 2. Klasse Grigo. Terentjew.«

Kyrill schlenderte noch ein wenig in der verlasse-nen Wohnung umher; dann aber wurde es ihm zu langweilig.

Er zog sich an, trat hinaus, schloß die Tür von außen ab und übergab den Schlüssel dem Hausknecht.

»Die Terentjews sind ins Ausland verzogen«, sagte er. »Die gesamte Einrichtung haben sie dir für deine treuen Dienste hinterlassen. Gib dir auch ferner Mühe, Nikifor!«
Und schritt fröhlich lachend über die Straße davon...

(aus »Das Verbrechen der Schauspielerin Maryskin und andere Grotesken«)

Desperados in Prag

Um halb neun saßen wir noch immer in einem Café der Inneren Stadt. Um zehn fuhr der Schnellzug nach Prag, wir hatten aber unsere Reisepapiere noch nicht. Der Mann, der sie uns besorgen sollte, war nicht, wie er versprochen hatte, um sieben gekommen. Es war verständlich, daß wir nach dem langen Warten schon etwas nervös geworden waren.

»Es kann sich nur um eine Verspätung handeln«, sagte Jovan Ilic, den man einfach Jean nannte, weil seine Mutter Französin war. Diese Trostworte hatte er schon mindestens zehnmal wiederholt. An seiner Stimme merkte man, daß er selbst immer weniger daran glaubte.

»Vielleicht ist er verhaftet worden«, sagte Mika plötzlich. Man sah, wie er in demselben Augenblick erschrak. Jeans Frau stieß einen unterdrückten Schrei aus. Sie war in den Jahren, in denen die Frauen leicht hysterisch werden. Im Verlauf des Abends hatte sie sich mit allen Kräften bemüht, ihren Mann von der Gefährlichkeit der Reise zu überzeugen.

»Mach mich nicht nervös!« sagte Jean und warf ihr einen vernichtenden Blick zu.

»Schau mich nicht so an! Ich bin dir nicht mehr hörig. Das ist vorbei. Und kümmern will ich mich auch nicht mehr um dich. Weil du ein Gauner bist, der seine Frau betrügt. Bitte, fahr nur, wenn du willst. Du fährst in dein Verderben. Es ist auch recht so.« Dann wandte sie sich zu mir. »Schaun Sie sich den Mann an. Während ich schwer krank lag, hatte er keinen anderen Gedanken, als den Backfischen nachzusteigen. Er hat meine Gesundheit ruiniert. Was glauben Sie, wie alt ich bin? Fünfunddreißig. Und wie sehe ich aus?«

Jetzt erst wurde mir klar, warum sie Jean von der Reise abhalten wollte. Sie hatte nicht so sehr Angst, daß man ihn verhaften könnte, als daß er sie betrügen würde.

»Wie sehe ich nur aus!« wiederholte sie und griff ängstlich nach der Puderdose, als wolle sie an Ort und Stelle ihr Aussehen korrigieren. Aber der Puder machte ihren Teint nicht schöner.

»Wie ein verrücktes Frauenzimmer!« warf Jean beherrscht ein. Er schien solche Ausbrüche gewohnt zu sein.

»Verrückt bin ich, sagt er! Und wer hat mich verrückt gemacht? Sag das dem Herrn!«

»Wenn du mit deinem Gekeif nicht aufhörst, hau ich dir diesen Aschenbecher auf den Kopf!« Jeans

Finger umklammerten den schweren Aschenbecher aus Metall und hoben ihn drohend einige Zentimeter von der Tischplatte. Die Frau sah ihn nur spöttisch an. Sie glaubte zwar nicht, daß er seine Drohung wahr machen würde, zog es aber doch vor, zu schweigen.

Die kurze Pause, die nach dem kleinen Zwischenfall entstanden war, nützte Mika aus, um seine dunklen Ahnungen wieder an den Mann zu bringen.

»Was machen wir, wenn Wlada verhaftet ist?«

»Nichts«, antwortete Jean und wischte seine Finger mit dem Taschentuch ab, weil er sie mit der Asche des vollen Aschenbechers beschmutzt hatte. »Wir werden ihm Pakete ins Landesgericht bringen, damit er nicht verhungert.«

Das erwies sich als überflüssig, denn nach einigen Minuten erschien Wlada. Er lächelte zuversichtlich, als sei er ganz pünktlich gekommen.

»Wo bleibst du denn so lange?« fragte ihn Jean.

»Der Kerl wollte mir ohne Geld die Papiere nicht geben«, sagte Wlada, setzte sich an den Tisch, nahm das nächstbeste Glas Wermut und trank es aus. Es war das Glas von Mika, der es vor lauter Aufregung nicht angerührt hatte.

»Was, du kommst ohne Papiere?« fragte Mika weinerlich und verzog das Gesicht wie ein Kind, das in die Hose macht.

»Aber nein, ich habe sie bekommen. Ich wollte ohne sie nicht weggehen. Ich mußte den Kerl doch überzeugen ...« Wlada griff nach einem zweiten Glas, das nur halbvoll war, und trank es aus.

»Wie haben Sie ihn denn überzeugt?« fragte die Frau neugierig. Man sah ihr an, daß es ihr lieber gewesen wäre, wenn man Wlada verhaftet hätte. Sie war so neugierig, daß sie zu protestieren vergaß, als Wlada diesmal nach ihrem Glas griff.

»Ich habe ihm ganz einfach gedroht, daß ich ihn verraten werde, wenn er sie nicht hergibt. Erst dann hat er sie mir gegeben.«

»Dann müssen wir also nichts zahlen!« sagte Mika sichtlich erfreut.

»Aber nein, wir werden sie ihm nach unserer Rückkehr bezahlen. Wir müssen ihm zahlen. Wir werden ihn ja noch brauchen. Oder nicht?«

»Später davon. Gib die Papiere her. Wir müssen abhaun. In einer Stunde fährt der Zug.« Jean streckte erwartungsvoll die rechte Hand aus.

»Hast du eine Füllfeder?« fragte Wlada, während er vier Blanko-Durchlaßscheine aus der Tasche zog und sie auf den Tisch legte. Jeans Frau reichte ihm die Füllfeder, und Wlada machte sich daran, unsere Namen und Daten, die wir ihm der Reihe nach diktierten, auf die »Propuskas« zu schreiben.

»Das hättest du nicht tun sollen«, sagte ich zu ihm. »Das ist eine Erpressung.«

Wlada hörte auf zu schreiben und sah mich erstaunt an.

»Es ist ein schweres Verbrechen. Erpressung wird streng bestraft«, fügte ich erklärend hinzu.

»Ich habe ihn ja gar nicht erpreßt!«

»Du hast ja selbst gesagt, daß du auf diese Art die Papiere bekommen hast.«

»Ja, sicher. Aber erpreßt habe ich ihn nicht. Ich habe nur leise angedeutet, daß die Polizei einmal erfahren könnte, womit er sich nebenbei beschäftigt.«

»Na siehst du, die Sache ist in Ordnung«, warf Jean ein. »Jetzt genug davon. Beeilen wir uns. Die Reise ist unsere letzte Chance.«

Als wir uns, jeder sein frisches Reisedokument in der Brusttasche, erhoben, um wegzugehen, begann Jeans Frau zu heulen. Sie schien wirklich zu leiden. Hatte sie Angst um den Mann oder um ihr ganzes Geld, das sie ihm mitgegeben hatte?

Während wir nun in einem Taxi zum Nordwest-bahnhof fuhren, dachte ich über Jeans letzte Worte nach. Die heutige Reise war wirklich unsere letzte Chance. Keiner von uns hatte eine Beschäftigung, die ihm den Lebensunterhalt sichern konnte. Um bei »normalen« Schleichhandelsgeschäften, das heißt bei dem Handel mit Zigaretten, Zucker und anderen Gebrauchs- und Luxuswaren, in Wien selbst etwas verdienen zu können, mußte man im

November 1946 schon größeres Kapital haben. Der Kettenhandel, mit dem man sich noch vor einem Jahr irgendwie über Wasser halten konnte, bot keine Verdienstmöglichkeiten mehr. Jetzt mußte man en gros einkaufen, um etwas verdienen zu können. Woher aber das Kapital? Die heimischen Schleichhändler hatten ihr auf Umwegen erworbenes Geld schon längst in normalen Geschäften angelegt und lebten nun von den Zinsen. Das Geld, das Jean erworben hatte, war immer gleich verbraucht, so daß er nichts auf die Seite legen konnte. Außerdem spielte er Karten. Das hatte er sich schon vor Jahren angewöhnt, als er noch Staatsbeamter in irgendeinem korrupten Ministerium Vorkriegs-Jugoslawiens gewesen war. Anscheinend hatte er aber nicht sehr viel Glück dabei. Mit dem Geld seiner Frau, die er in Wien kennengelernt und vor kurzem geheiratet hatte, wollte er jetzt von neuem anfangen. Er mußte es immer wieder von neuem tun, weil sein Leben aus lauter letzten Chancen bestand. Die Lage des Revolverjournalisten Wlada war einerseits der meinen sehr ähnlich, obwohl sie sich andererseits gründlich von ihr unterschied. Wir versuchten nämlich beide, mit dem Schreiben Geld zu verdienen. Er, indem er für Sensationsblätter, die wie Pilze aus der Erde schossen, Schauergeschichten schrieb, und ich mit Artikeln über Zeitprobleme, die kaum jemand drucken wollte. Die

Leser hätten genug von Krieg und Faschismus, erklärten mir die Herren Redakteure, ich sollte lieber etwas Heiteres und Zukunftsfrohes schreiben. Ich gab ihnen Wladas Adresse, denn er konnte alles schreiben, wirklich alles. Er hatte vor dem Krieg für den König geschrieben, während des Krieges für General Nedic und seinen großen Auftraggeber Hitler, – und war jetzt wieder bereit, für Tito zu schreiben; in seiner Brieftasche trug er eine von ihm selbst verfaßte Ode an den großen Marschall – für jeden Fall. Er würde wohl imstande sein, auch etwas Heiteres und Zukunftsfrohes zu schreiben, sagte ich den Herren Redakteuren. Und Wlada schrieb, aber nicht genug, um davon leben zu können. Deshalb befaßte er sich mit dunkeln Geschäften, wie es sich für einen Revolverjournalisten gehört. Trotz allem war es ihm nicht gelungen, auf einen grünen Zweig zu kommen. Mir konnte es noch weniger gelingen, weil ich monatelang nur vom Verkauf der Erinnerungsstücke an eine bessere Existenz meiner bürgerlichen Vorfahren gelebt hatte. Das konnte natürlich nicht lange dauern. Ich hätte mich freilich auch bei der IRO, der internationalen Flüchtlingsorganisation, melden können, um von ihr Hilfe zu bekommen. Ich war aber nicht gewöhnt, Almosen entgegenzunehmen. Wohltätigkeitsorganisationen hatte ich nie besonders leiden können. Deshalb ließ ich mich von

Wlada überzeugen, daß meine einzige Rettung im Saccharinschmuggel lag. Ich wußte, daß er an meiner Teilnahme sehr interessiert war, weil er am Verkauf der Reisepapiere auch verdiente, aber ich hatte keine große Wahl, denn ich wußte auch: wenn einer vor Hunger starb, krähte kein Hahn nach ihm, genauso wie es früher war, wenn einer von den Hitlerschergen ermordet wurde.

Mein Handelskapital war eine Armbanduhr, ein Ring und eine goldene Zahnbrücke, die ich mir aus dem Mund nehmen ließ. Wlada versicherte mir, daß es für den Einkauf von vier Kilo Saccharin ausreichen würde, und das war doppelt soviel wie ich erhalten hätte, wenn ich die Sachen in Wien verkauft hätte. Man mußte nur hinfahren und die vier Kilo Saccharin über die Grenze bringen, um mit einem Schlag das Kapital zu verdoppeln. Unter den kleinen Saccharinschmugglern kreiste die Legende von einem Bulgaren, der nur unter dem Pseudonym Todor bekannt war. Dieser Bulgare war vor kaum sechs Monaten zum erstenmal nach Prag gefahren, von wo er nur fünf Kilo Saccharin gebracht hatte. Er reiste mehrere Male und verdoppelte jedesmal sein Vermögen. Jetzt brauchte er nicht mehr selbst hinzufahren. Das besorgten für ihn seine Leute, denen er Papiere und zwei Lastautos zur Verfügung stellte: Eine schwindelerregende Karriere. Mich interessierten im Augenblick weni-

ger die Aufstiegsmöglichkeiten im Schmugglerge-
werbe, ich hatte nur den dringenden Wunsch, mich
am Leben zu erhalten.

Der einzige unter uns, der ganz fest entschlossen
war, in die Fußstapfen des großen Todor zu treten,
war Mika. Mit seiner schlanken Figur, seinem pech-
schwarzen Schnurrbart und seinem melodiösen
Bariton war er direkt zum Don Juan prädestiniert.
Er war es auch gewesen, bis er seine jetzige Frau
kennengelernt hatte. Die Liebe zu dem zierlichen
Puppengesicht und zu der etwas molligen Figur
seiner Frau war so stark, daß sie ihn seine eigentli-
che Bestimmung vollkommen vergessen ließ. Er
schien keinen anderen Gedanken zu haben, als der
Angebeteten seine große Anhänglichkeit zu beweisen. Aus dem leichtlebigen Don Juan wurde ein
moralisierender Spießer, aus dem leichtsinnigen
Glücksritter war ein zielbewußter, profitgieriger
Kaufmann geworden. Mika fuhr, ebenso wie Wlada,
nicht zum erstenmal nach Prag. Während aber
Wlada noch immer am Anfang stand, war Mika im
Begriff, diesmal zehn Kilo Saccharin mitzubringen.
Auch für ihn war die Reise eine bedeutende Wen-
dung. Sie sollte ihn aus der grauen Masse der
kleinen Schmuggler in den Stand der großen Kauf-
leute emporheben.

Am Bahnhofschalter lösten wir Retourkarten dritter
Klasse und erreichten noch im letzten Augenblick

den Zug. Wir versuchten zu schlafen, und, nachdem es nicht gelingen wollte, sprachen wir über belanglose Dinge. Je mehr wir uns der Grenze näherten, desto mehr leerte sich der Zug. Knapp vor der Grenze blieben wir allein in unserem Abteil. Es galt nun, sich schnell auf die Zollkontrolle vorzubereiten. Nur Jean und Mika hatten etwas zu verstecken. Jean hatte für das Geld seiner Frau zehn verschiedene Schweizer Armbanduhren gekauft, die er jetzt der Reihe nach um seinen nackten Arm band, so daß man sie nicht sehen konnte, als er die Ärmel seines Hemdes, seines Rockes und seines Mantels darüberzog. Mika steckte den Schmuck, in dem er sein Geld angelegt hatte, in einen Leinenbeutel, befestigte den Beutel an seinem Hosenriemen und ließ ihn über dem Bauch hängen. Ich mußte meine Sachen nicht verstecken. Eine Uhr, einen Ring und eine goldene Zahnbrücke durfte jeder haben. Wlada hatte nicht einmal das. Er hatte überhaupt nichts. Er mußte das letztemal so dringend aus dem Zug flüchten, daß er die Pakete mit dem Saccharin nicht mitnehmen konnte. Er reiste nur mit uns, um zu sehen, ob sich alles reibungslos abspielen würde, vielleicht hatte er Angst um das Geld, das wir ihm für die Papiere schuldeten, und begleitete uns darum. Jetzt, da wir bange auf die Grenzpolizisten warteten, hatte er uns nichts anderes zu erzählen, als die abenteuerliche Geschichte seiner

Flucht, wobei er auch seine Befürchtung publik machte, daß die Sache mit den falschen »Propuskas« inzwischen schon aufgeflogen sei, so daß wir es ernstlich mit der Angst zu tun bekamen.

»Keine Angst, es wird schon gehen«, sagte Jean selbstsicher und wischte sich den Schweiß von der Stirn.

»Wenn ich Angst habe«, sagte Mika heiser, »dann denke ich nur an meine kleine Maria. Wie sie auf mich wartet. Das hilft mir immer in schweren Stunden.« Die kitschige Phrase paßte nicht zu seinem ausgesprochen männlichen Äußeren, er schien aber wirklich so zu denken, wie er sprach. Armer Kerl! Seine kleine Maria betrog ihn ständig, mit wem sie nur konnte. Sie tat es nicht nur deshalb, weil sie männersüchtig war, sondern hauptsächlich deshalb, weil sie ungeduldig war. Sie glaubte nämlich nicht an einen raschen Aufstieg ihres Mannes in die sogenannten höheren Schichten, obwohl er sich aus allen Kräften darum bemühte, und versuchte selbst, sich Kleider und Schmuck zu verdienen. Sie wollte nicht länger auf das Leben des luxuriösen Wohlstands warten, das sie so sehr in den prunkvollen Filmen bewunderte; sie wollte es rascher erkämpfen. Das ging ihr anscheinend nicht schlecht von der Hand. Vor dem Mann mußte eine entfernte Tante als Entschuldigungsgrund dienen. Er glaubte so sehr an die

Heiligkeit seiner süßen kleinen Frau, daß er keinen Augenblick daran zweifelte, die kostbaren Geschenke seien von der Tante. Seine häufigen Reisen kamen Maria zugute. Alle wußten, daß sie seine Abreise kaum erwarten konnte, um ihn ungehemmt zu betrügen. Nur er wußte nichts davon. Und niemand fand sich, der ihn darüber aufklären wollte; aus Freundschaft wahrscheinlich, um ihn nicht zu kränken, weil er so sehr an ihr hing, oder aus Genugtuung, einen Don Juan so gehörnt zu sehen. Sein Gefasel war wirklich unerträglich. Ganz klar konnte man sich darüber freilich nicht sein. Vielleicht geschah alles mit seinem Wissen oder sogar nach seinen Anordnungen.

Nachdem die Polizisten sowohl diesseits als auch jenseits der Grenze mit der größten Selbstverständlichkeit ihre Stempel auf unsere Papiere gedrückt hatten, verspürten wir plötzlich alle ein unwiderstehliches dringendes Bedürfnis, ins WC zu gehen, und konnten kaum erwarten, daß der Zug sich wieder in Bewegung setzte.

Prag war eine angenehme und eine unangenehme Überraschung zugleich. Angenehm war die Begegnung mit der Goldenen Stadt, die vom Krieg fast unberührt geblieben zu sein schien. In den drei Tagen unseres Aufenthalts ging ich kreuz und quer durch die Straßen dieser Insel des Friedens und des Wohlstands, ohne einer Ruine zu begegnen, ohne irgendwelche Spuren der Vernichtung und des Todes zu entdecken. Nicht umsonst schwärmten meine Freunde, die schon einmal dagewesen waren, immer von einer Reise nach Prag. Am ersten Tag belud ich meinen Magen mit Schinken und Torten, die überall frei zu bekommen waren, so daß ich mich am Ende nicht wohl fühlte. Aber nicht das war das Unangenehme. Das Unangenehme war unsere Enttäuschung in den geschäftlichen Angelegenheiten, um deren willen wir hergekommen waren. Die Preise der Uhren und des Bruchgoldes waren gefallen, und der Preis des Saccharins war gestiegen. Die großen Schieber hatten uns das Geschäft fast verdorben. Die Juweliere hatten genug Schweizer Uhren. Sie kauften sie en gros auf legalen oder illegalen Wegen von den Schweizern selbst und waren nicht daran interessiert, von den kleinen Wiederverkäufern noch welche zu kaufen. Der Saccharinpreis war gestiegen, weil die Drogerien, in denen man es verkaufte, nicht mehr so viel davon hatten oder auch nur vorgaben, nicht mehr so viel davon zu haben; sie wußten, wie groß die Nachfrage war. Erst einen Tag vor uns – so erfuhren wir – hatten die Leute des großen Todor größere Mengen des begehrten Süßstoffs gekauft und damit eine rapide Preissteigerung hervorgerufen. Statt für meine Wertgegenstände vier Kilo zu bekommen, bekam ich nur drei. Am besten von uns allen erging es noch Mika, der nur Schmuck mitgebracht hatte. Die Preise der schönen Schmuckstücke waren nicht so sehr gefallen. Ihm gelang es tatsächlich, wie er sich vorgenommen hatte, zehn Kilo Saccharin zu kaufen. Es blieb ihm aber nicht mehr so viel Geld übrig, um während seines Aufenthaltes anständig essen und wohnen zu können. Er verkroch sich in eine billige Vorstadtpension und blieb dort bis zu unserer Abfahrt auf seiner Ware liegen, nur damit er nicht gezwungen war, Geld auszugeben. Er lebte drei Tage lang nur von Bier und Salzstangerln.

Am schlechtesten war Jean davongekommen. Er hatte nur Uhren mitgebracht und ärgerte sich jetzt über den Verlust. Vor lauter Ärger entschloß er sich, seine Uhren lieber zu versaufen, als sie unter dem Preis herzugeben. Zu diesem Zweck hatte er eine vornehme Bar ausgesucht. Wlada und ich waren selbstverständlich auch dabei. Wir konnten den Freund doch im Unglück nicht allein lassen.

Gegen Mitternacht saßen wir schon ziemlich betrunken in einer Ecke des Tanzlokals, in dem hauptsächlich Ausländer in Uniform und Zivil mit heimischen Animierdamen unter der Begleitung einer wilden Jazzband herumhopsten. An unserem Nachbartisch saßen ein amerikanischer und ein russischer Offizier. Sie hielten einander umarmt, starrten mit glasigen Augen auf die blankpolierte

Tischplatte und sangen aus allen Kräften. »Lili Marlen«. Einer von ihnen sang fürchterlich falsch. Ich konnte nicht feststellen welcher. Aber ich sah, daß jeder von ihnen eine große Stoppuhr am Handgelenk hatte.

»Wieviel Uhren haben wir schon konsumiert?« fragte ich Jean.

»Jetzt trinken wir die zweite. Zum Teufel mit den Uhren.«

Wlada hatte an Ort und Stelle den Verkauf besorgt. Er verhandelte mit dem Kellner und einigen Gästen, um sie besser zu verkaufen. Ich hatte den Eindruck, daß er einen Teil des Erlöses in die eigene Tasche gleiten ließ.

»Wir sind jetzt richtige Desperados«, sagte ich vor mich hin. »Männer ohne Familie und Heimat, gefährliche Burschen, die bereit sind, auch die Erinnerung an die eigene Mutter zu verraten, wenn es darauf ankommt.« Ich meinte das natürlich nicht ernst, sondern nur symbolisch.

»Laß die Mutter aus dem Spiel«, sagte Jean und seufzte dabei so tief, daß ich Angst um sein Wohlbefinden bekam. Er meinte es freilich auch nicht ernst mit seinem Seufzer. Wlada fand es jedoch für notwendig, seinen Gastgeber zu verteidigen, und sagte zu mir:

»Ja, laß die Mutter in Ruh. Siehst du nicht, daß er Sorgen hat?«

In diesem Augenblick wurde Jean lebendig. Er stieß uns mit dem Ellbogen in die Rippen und sagte: »Schaut nur, wer da ist!« Wir sahen in die Richtung, die uns sein Zeigefinger wies, und fielen fast vom Stuhl. An der Bar saß der rothaarige Schweizer, von dem Jean in Wien die teuren Uhren gekauft hatte. Zwei Mädchen, an jeder Seite eines, saßen neben ihm und tranken mit ihm Champagner. Er war übermütig und ausgelassen. Er konnte es sich leisten, weil er wahrscheinlich sehr gut verdient hatte. Plötzlich hielt er mitten im lustigen Gespräch inne und blickte zu uns. Er hatte uns bemerkt. Jetzt ließ er sich von seinem hohen Barhocker heruntergleiten und schritt etwas schwankend und breit lächelnd auf uns zu.

Wir erwarteten eine Tragödie, da wir deutlich sahen, wie der Zorn in Jean stieg und wie sich seine Finger zusammenkrampften. Es trat aber nichts Tragisches ein. Alles spielte sich eher lächerlich ab. »Monsieur Büttli, vous êtes un salaud!« sagte Jean vollkommen ruhig zu dem Schweizer, der mit einem strahlenden Wiedersehnslächeln um die Lippen vor unserem Tisch stehengeblieben war. Aber Jeans Worte, die er im Prag von 1946 nicht deutsch aussprechen durfte, verfehlten ihre beleidigende Wirkung. Der rothaarige Herr fand es direkt entzückend, daß man ihn einen Gauner nannte. Er legte es anscheinend als ein besonderes

Zeichen der Zuneigung aus und fiel Jean kichernd um den Hals. Er besann sich nicht einmal, als sich Jean ziemlich kühl von seiner Umarmung befreite.

»Ausgezeichnet – wie haben Sie gesagt: salaud? – ausgezeichnet. Salaud! Hi hi – ich muß es meiner Frau schreiben«, stammelte Büttli kichernd. Er mußte entweder vollkommen blöd oder total besoffen sein. »Gestatten Sie, meine Herren, nein, meine Diebsgenossen, nein, meine Plattenbrüder – so sagt man in Wien, nicht? Gestatten Sie bitte, daß ich euch zwei reizende Damen –«, dann schnalzte er mit der Zunge und verdrehte seine farblosen Augen, »zwei sehr reizende Damen vorstelle.« Und ohne auf unsere Zustimmung zu warten, ging er, die zwei Animierdamen, die ihm vorhin Gesellschaft geleistet hatten, zu holen.

»Die Käfer sind nicht schlecht«, stellte Jean sachlich fest. »Lassen wir sie bei uns.«

Die zwei Damen waren sehr lustig und schienen viel Alkohol zu vertragen. Bald gingen sie noch zwei Freundinnen holen, die angeblich anständige Mädchen waren und zufällig in der Nähe wohnten. So waren wir vier komplette Paare geworden. Im Laufe des Wirbels, der sich danach entfesselte, gestand mir auf meine Frage, wieso sie so viel Alkohol vertrage, die Freundin des Schweizers, daß der Likör, von dem sie fast ununterbrochen ein Gläschen nach dem anderen leerten, stark mit

Wasser gemischt war. Je mehr Wasser darin war, desto mehr verdiente sie. Ich war froh, daß das Mädchen, das mir zugeteilt war, reinen Likör trank, wovon ich mich durch eine Kostprobe überzeugt hatte. Ich begann wirklich zu glauben, sie sei anständig, und bemühte mich desto mehr, ihr zu gefallen. Und sie schien tatsächlich bald warme Zuneigung zu mir zu fassen.

Die Stimmung stieg in dem Maße, in dem sich der Alkoholverbrauch vermehrte. Büttli wurde ganz zutraulich und gab uns feierlich sein großes Geschäftsgeheimnis preis. Er hatte in Wien seine Uhren zu guten Preisen abgesetzt und für das Geld Goldmünzen gekauft, die er wieder – es waren ungefähr hundert – in der Goldenen Stadt absetzen wollte. Mit dieser kleinen Transaktion hoffte er viel mehr zu verdienen, als wenn er die Uhren direkt nach Prag gebracht hätte. Darauf wurde Jean zornig und warf Büttli vor, daß er sich ausgerechnet ihn als Abnehmer für seine teuren Uhren ausgesucht hatte. Unter Tränen der Rührung erklärte nun Büttli, daß er ihm niemals die Uhren verkauft hätte, wenn er gewußt hätte, daß Jean sie für Prag und nicht für Wien brauche. Jean schien ihm zu glauben, und sie schlossen Freundschaft, die sie dann mit einer Flasche schlechten Champagners begossen. Wlada ging wieder eine von Jeans Uhren versetzen. Diesmal schien er noch mehr in die eigene

Tasche gesteckt zu haben. Er tat es öffentlich, als seine Provision sozusagen, und niemand nahm Anstoß dran, weil alle sehr gut aufgelegt waren.

Büttli versicherte feierlich, daß er sich morgen revanchieren werde, sobald er seine Goldmünzen verkauft habe.

Gegen die Morgendämmerung, als uns der Alkohol nicht mehr erwärmte, der Zigarettenrauch kalt geworden war und die Schminke auf den Gesichtern der Mädchen sich verschmiert hatte, trat eine allgemeine Ernüchterung ein, wie immer vor dem Aufbruch. In solchen Stunden sieht man in aller Klarheit und Schärfe die Falschheit und das ganze Elend des Lebens, zu dem man verurteilt ist. Man beginnt, sich zu schämen.

Ich hatte ziemlich viel getrunken und begann nun ohne irgendwelchen unmittelbaren Anlaß laut zu philosophieren.

Büttli war hinausgegangen, weil er sich im Augenblick nicht besonders wohl fühlte, und die Mädchen ebenfalls, um sich für den Aufbruch zurechtzumachen. Wlada war zwar am Tisch zurückgeblieben, aber er war so sehr damit beschäftigt, die Wein- und Schnapsreste aus den Gläsern zu leeren, daß ich eigentlich nur für Jean sprach.

»Kein Reichtum wird ehrlich erworben«, sagte ich, und Jean nickte verständnisvoll. »Schau dir die spanischen Konquistadoren an oder andere Eroberer und Kolonisatoren. Viel Blut klebt an dem Gold, das sie nach Hause gebracht haben. Der Kampf um den Besitz kostet Menschenleben. Man muß sie nicht immer umbringen, die Menschen. Man kann sie ganz einfach verhungern lassen, indem man ihnen alles wegnimmt. Je weniger die einen haben, desto mehr haben die anderen. Das ist ja der Witz, verstehst du, das ist der Clou der Sache. Man kann sich nur auf Kosten der anderen bereichern. Wir wollen auch Geld verdienen, nicht? Und wie können wir es verdienen? Indem wir das Elend, das momentan in Wien herrscht, ausnützen. Wir sind aber nur die kleinen Betrüger. Die großen verdienen viel mehr, sie müssen nicht an der Grenze zittern. Sie haben Macht und Geld, und umgekehrt. Schau diesen Büttli an . . .«

Da bemerkte ich, wie Jean plötzlich lebhaft wurde. Bisher hatte er nur halb hingehört und aus Höflichkeit genickt. Aber sobald ich den Namen des rothaarigen Schweizers erwähnt hatte, wurde er ganz Ohr.

»So wie er«, setzte ich fort, »verdient sein ganzes Volk leicht sehr viel Geld. Es muß nicht immer illegal zugehen, das brauchen sie nicht einmal. Sie können normal verdienen, normal. Es kommt aber auf dasselbe heraus. Sie bereichern sich auf Kosten des Elends anderer europäischer Völker. Sie haben keinen Krieg mitgemacht und kein Nachkriegselend, das Sieger wie Besiegte trifft. So haben die Neutralen einen dankbaren, hungrigen Markt, auf dem jeder Dreck begeistert gekauft wird. Für teures Geld, so wie du deine Ankeruhren gekauft hast. Jawohl. Sie haben an unserer Blödheit, die vom Hunger genährt wird, ganz schön verdient. Und um ihr Gewissen zu beruhigen, schickten sie uns Almosen in Form von kleinen Lebensmittelpaketen. Nur so können sie beruhigt schlafen. Und sie schlafen ruhig, ganz ruhig und unschuldig, wie die Engel im Paradies. Sie sind angesehene Geschäftsleute, und wir sind Verbrecher. Das ist der Unterschied. Die Börsenspekulanten, Großlieferanten und Bankdirektoren sind feine Herren, und wir sind Gauner, dunkle Existenzen, deklassierte Elemente, Abschaum der Menschheit, Desperados...«

»Ich schlag ihm eine Bombe, daß ihm der rote Schopf wackeln wird«, unterbrach Jean plötzlich meinen Wortschwall. Ich erschrak. Jemandem eine Bombe schlagen, hieß in Schleichhändlerkreisen, eine Ware in Kommission nehmen und sie dann nicht bezahlen. Da es sich dabei gewöhnlich um Schieberware handelte, wagte der Geplünderte nicht, eine Anzeige gegen den Dieb zu erstatten. Um jedoch die Ware in die Hand zu bekommen, ohne sie gleich bei Übernahme zu bezahlen, mußte man kreditwürdig sein. Jean schien bei Büttli Kredit zu genießen – leider. Ich hatte Angst um Büttlis

Goldmünzen und fühlte mich schuldig, weil ich Jean auf diesen Gedanken gebracht hatte. Ich weiß noch immer nicht, was mich damals bewogen hatte, so zu sprechen. Ich hatte ansonsten gar nichts gegen die Schweizer, noch weniger gegen Büttli persönlich. Ich nützte wahrscheinlich nur die Gelegenheit aus, vor Jean meine politischen und ökonomischen Kenntnisse zu entwickeln.

»Bitte, tu das nicht«, sagte ich, um meinen Anteil an dem grausamen Plan zu verringern.

»Ich schlage ihm eine Bombe, daß er nicht mehr auf die Idee kommt, auf Kosten anderer Leute Geschäfte zu machen«, wiederholte Jean stur.

»Bitte, tu das nicht«, sagte ich, »ich habe es nicht so gemeint. Ich habe nur theoretisch gesprochen.«

»Misch dich nicht in seine Angelegenheiten«, sagte Wlada melancholisch.

In diesem Augenblick kam Büttli mit den Damen zurück. Eines von den Mädchen ging mit Büttli, und die anderen drei kamen mit uns. Wir wohnten in einem anderen Hotel. Beim Abschied machte Jean ein Rendezvous mit Büttli aus, um ihm beim Verkauf der Münzen behilflich zu sein. Büttli schien davon sehr begeistert. Er hatte keine besonders guten Geschäftsverbindungen in Prag und freute sich, daß ihm ein alter Plattenbruder dabei helfen wollte.

Als wir ins Hotel kamen, begriff ich, warum Wlada bei unserem Einzug heute früh darauf bestanden hatte, ein Zimmer für sich allein zu bekommen, während Jean und ich uns mit einem Zweibettzimmer zufriedengeben mußten. Es war wegen der Mädchen. Es schien aber, daß es Jean nichts ausmachte, zu viert in den zwei Ehebetten zu schlafen. Er fand es sogar sehr lustig, weil man dabei die Mädchen wechseln konnte. Es kam aber nicht so weit. Ich warf nämlich meine Kleine hinaus, im Nachthemd, als sie sich gerade ins Bett legen wollte. Ihr Kleid, ihre Schuhe und die Handtasche warf ich ihr auf den Gang nach. Ich tat es deshalb, weil sie von mir Geld verlangte, im voraus, wie eine gewöhnliche Prostituierte. Ich hatte nichts gegen sie – im Gegenteil, ich fand sie sehr nett, aber ich hatte mir so viel Mühe um sie gegeben, als wäre sie ein anständiges Mädchen gewesen, und nun verlangte sie auf einmal Geld.

Die ganze Zeit hatte ich, wie es mir schien, sehr geistreiche Witze gemacht und lustige Geschichten erzählt, um sie für mich zu gewinnen. Ich hatte sie ausgeführt – es tat nichts zur Sache, daß Jean die Zeche bezahlt hatte – und sie wie eine Dame behandelt, und sie verlangte noch Bargeld obendrein! Das war zu viel. Außerdem besaß ich kein Geld.

Auf ihren Lärm hin war Wlada auf den Gang gekommen, erbarmte sich ihrer und nahm auch sie auf sein Zimmer. So hatte er zwei Mädchen. Jetzt, wo sie draußen war, und ich keine Partnerin mehr hatte, blieb auch mir nichts anderes übrig, als hinauszugehen und mich im Badezimmer zu placieren. Im Bett zu schlafen, wäre angenehmer gewesen als in der Badewanne. Was sollte ich aber anderes tun. Ich schlief trotzdem gut. In der Früh weckte mich der Schrei einer dicken Dame, die halbnackt und ganz entsetzt über mir stand. Anscheinend wollte sie baden. Warum machte sie denn so einen Lärm? Ich wollte ihr ja nichts antun. Ihre fetten Schenkel interessierten mich nicht. Mein einziger Gedanke war, Jean daran zu hindern, unseren Freund Büttli um seine Goldmünzen zu erleichtern.

Schnurstracks ging ich ins Café, wo Jean das Rendezvous mit dem Schweizer vereinbart hatte. Jean war schon hingegangen, und ich hatte Angst, daß ich zu spät kommen würde. Aber ich kam noch rechtzeitig, gerade als sie mitten in den Verhandlungen waren. Jean schien es nicht unangenehm zu sein, daß ich gekommen war. Im Gegenteil.

»Unser Freund kann dir bestätigen«, sagte er zu Büttli, »daß ich immer um einige Punkte mehr bekomme als irgendein anderer. Und gleich in bar. Jede Summe.«

Ich konnte vor Verblüffung kein Wort herausbringen. »Du gibst mir, wie gesagt, zuerst die Hälfte. Sicher ist sicher, nicht?«

»Aber nein«, sagte Büttli. »Ich gebe dir gerne alles mit. Du bist mir doch gut.«

»Nein. Es ist besser zuerst nur die Hälfte. Ich würde dich ja mitnehmen, aber der alte Geizhals, der sie von mir kauft, hat es nicht gern, wenn jemand außer mir kommt. Ich bin in fünfzehn Minuten wieder da.«

»Ja, ja, ich verstehe. Der alte Geizhals, ha«, sagte Büttli und zählte Jean fünfzig Goldmünzen in die Hand. Während er es tat, schüttelte ich verneinend den Kopf und versuchte verzweifelt, ihm mit allen möglichen Gebärden, die ich hinter Jeans Rücken machte, beizubringen, daß er es nicht tun solle. Aber er sah mich nur mit seinen wasserblauen Augen erstaunt an und tat es trotzdem.

Als Jean weggegangen war, fragte mich Büttli:

»Warum haben Sie den Kopf geschüttelt? Meinen Sie, daß ich anderswo einen besseren Preis erzielen könnte?«

»Ja, ja!« sagte ich. »Anderswo können Sie viel mehr bekommen. Laufen Sie ihm nach und holen Sie ihn zurück. Sie werden ihr Geld verlieren!«

Aber Büttli ließ sich nicht überzeugen.

»Macht nichts«, sagte er. »Jean soll auch einmal verdienen. Er hat bei den Uhren so viel verloren. Es ist mir lieber, daß er etwas mehr an Provisionen verdient als jemand Fremder weniger. Lassen wir ihn also verdienen.«

Was sollte ich ihm noch sagen? Deutlicher als vorhin konnte ich nicht sein. Hätte ich ihm gesagt, worum es wirklich ging, hätte er die Polizei gerufen und mich auf der Stelle verhaften lassen, ohne in der ersten Aufregung daran zu denken, daß er sich dadurch auch selbst ins Unglück stürzen würde. Ich zog also vor, ihm die Wahrheit nicht zu sagen. Während ich wie auf glühenden Kohlen saß, erzählte er begeistert vom gestrigen Abend und von dem Mädchen, mit dem er ins Hotel gegangen war. Sie war so süß, daß Büttli bei der Schilderung ihrer geheimen Reize das Wasser im Mund zusammenlief. Vielleicht lief ihm aber immer das Wasser im Mund zusammen, wenn er an Frauen dachte.

Nach zehn Minuten hielt ich es nicht mehr aus und entschuldigte mich für einen Augenblick. Ich ging auf die Toilette zu, wo ich nachdenken wollte, wie ich am besten verschwinden konnte. Die rettende Idee kam mir, als ich sah, daß es in dem Café zwei Telefonkabinen gab. Ich ging in eine von ihnen und rief dasselbe Café an. Es läutete in der Zelle. Ein Kellner kam, und ich verlangte Herrn Büttli. Ich mußte den Namen zweimal wiederholen, weil ihn der Kellner nicht kapierte. Dann sah ich, wie der Kellner den Namen ins Lokal rief und wie Büttli fast laufend in die Nachbarzelle kam. Er glaubte wahrscheinlich, daß Jean ihn anrief, um mit ihm eventuelle Preisänderungen zu besprechen. Während nun Büttli vergeblich in den Hörer, der keine Antwort gab, hineinschrie, gelang es mir, das Lokal zu verlassen.

Wie ich erwartet hatte, fand ich Jean beim Packen.

»Es war nicht besonders schön von dir«, sagte ich, obwohl ich mich im Grunde freute, daß er es getan hatte. »Ich bitte dich, gib dem Schweizer seine Münzen zurück!«

»Schau dir den Moralisten an«, antwortete Jean kühl. »Mit Worten will er Revolution machen und schreckt zurück, wenn es darauf ankommt, seine Worte in Taten umzusetzen. Um dir aber zu beweisen, daß ich ein durchaus ehrlicher Mensch bin, werde ich dir für deine Idee und dafür, daß du den Schweizer unterhalten hast, damit ich besser entkommen kann, zehn Prozent von meinem Erlös geben.«

»Ich will nicht!« schrie ich.

»Weil es dir zu wenig erscheint? Gut. Ich gebe dir zwanzig Prozent, weil du ein armer Hund bist, wie ich vor zwanzig Minuten noch einer war.«

Ich nahm sein Angebot nicht an. Es war nicht besonders vernünftig von mir. Von zehn Goldmünzen hätte ich mindestens ein Jahr lang leben können und so vielleicht in aller Ruhe den Roman schreiben, den ich schon seit langem plante. So konnte nichts aus dem Plan werden, nur weil ich anständig bleiben wollte. Was ist aber Anständigkeit in einer Welt, in der man nur leben kann, wenn man unter die Räuber geht?

Um mir zu beweisen, daß er auf jeden Fall ein anständiger Mensch sei, schickte Jean durch den Hotelboy die restlichen Uhren dem Schweizer zurück, der wahrscheinlich noch immer im Café auf sein Geld wartete.

Dann ging Jean weg. Erst nach einigen Monaten hörten wir wieder von ihm. Er schickte mir ein Weihnachtspaket aus Südamerika. Seiner Frau schickte er auch das Geld, das sie ihm für die schicksalhafte Reise nach Prag geliehen hatte. Vielleicht hatte sie alles vorausgeahnt. Daher ihr hysterisches Benehmen im Café vor unserer Abreise.

Nachdem Jean verschwunden war, blieben nur wir drei für die gemeinsame Rückreise. Bei der letzten Station vor der Grenze wurde der Zug plötzlich wieder leer. Ich begann fieberhaft nachzudenken, wie ich meine drei Kilo Saccharin am besten verstecken könnte. Wlada nahm an meinen Sorgen brüderlich teil, weil er am vollen Gelingen des Unternehmens sehr interessiert war; ich schuldete ihm ja das Geld für die Papiere. Da es sehr riskant war, die Pakete im Waggon zu verstecken, entschloß ich mich, sie in meine Hose und in mein Hemd zu schieben. Ich konnte ruhig etwas dicker aussehen.

Aber auf diese Weise konnte ich beim besten Willen nur zwei Pakete verstecken, eines in der Hose und eines im Hemd. Ich sah auf einmal sehr stattlich aus. Aber das dritte konnte ich nicht unterbringen. Wlada erbarmte sich meiner und versteckte es in seiner Hose. Aber knapp bevor die Zollbeamten ihre Kontrolle anfingen, wollte er es mir zurückgeben. Er behielt es erst nach meinem Versprechen, daß ich ihm dieses eine Kilo leihen würde, eigentlich nur den Rest des Geldes, der nach Abzug meiner Schulden übrigbleiben sollte. Dieser Rest war allerdings zweimal größer als meine Schuld, aber ich mußte ihn ihm versprechen, wollte ich nicht alles verlieren. Die Kontrolle war schon im Zug und konnte jeden Augenblick in unseren Waggon kommen. So beglich ich meine Schuld und behielt wenigstens die Hoffnung, daß er mir mein Geld doch einmal zurückgeben werde.

Um unsere Angst zu verdrängen, versuchten wir über unsere plötzlich aufgetretenen Körperschwellungen zu lachen. Wir sahen beide wirklich komisch aus, wie Zirkusclowns, die sich Bälle in die Ärmel schieben, um harte Muskeln vorzutäuschen. Während wir so vor Furcht blödelten, saß Mika vollkommen ruhig in der Ecke, von uns getrennt, weil er sich durch unsere verdächtige Gesellschaft nicht kompromittieren wollte. Er hatte keine Angst und keine Sorgen. Sein Koffer mit zehn Kilo Saccharin lag im Nachbarabteil bei einem russischen Obersten, der frei von jeder Kontrolle war. Mika hatte es nicht wenig Mühe gekostet, bis er das erreicht hatte. Er hatte vorher sehr lange und sehr eingehend mit dem Obersten gesprochen und ihm seine schweren Sorgen eines geplagten Familienvaters geschildert, der verzweifelt versucht, seine Familie im ausgehungerten Wien zu ernähren. Bei solchen Erzählungen pflegte er das Bild seiner Neffen zu zeigen, die er für seine eigenen Kinder ausgab. Dieses Mittel verfehlte fast nie die Wirkung. Auch der russische Oberst schien von dem Anblick der zwei armen, hungrigen Kinder ziemlich beeindruckt zu sein und versprach unserem Freund, den Koffer, in dem sich die rettenden Kalorien für die Kleinen befanden, durch die Kontrolle zu tragen, damit man sie nicht beschlagnahme. Erst als Mika des Offiziers ganz sicher war, kehrte er in unser Abteil zurück. Er war es auch, der fachmännisch bemerkte, daß die scharfen Kanten der Pakete unter meinem Mantel sichtbar waren, und mir hilfsbereit vorschlug, lieber seinen Mantel anzuziehen, weil er breiter war als der meine. Ich tat es gleich und war ihm dafür grenzenlos dankbar.

Als die Zollbeamten kamen, schien ihnen mein dicker Bauch wirklich nicht verdächtig zu sein. Nach einigen Minuten kehrten sie zurück, diesmal in Begleitung von zwei Polizisten. Wlada und ich erblaßten und warteten untergangsbereit mit bebenden Knien, daß man uns abhole. Aber die Uniformierten gingen auf Mika zu, der ahnungslos und selbstsicher in seiner Ecke saß. Bald stellte sich heraus, daß er zu seiner Selbstsicherheit keinen Grund hatte. Die Uniformierten forderten ihn auf, ihnen zu folgen, um den Koffer, dessen rechtmäßiger Besitzer nach den Angaben des russischen Obersten er sei, zu öffnen. Mika versuchte zu protestieren, aber sie führten ihn weg.

Wir stürzten zu den Fenstern und beobachteten gierig und aufgeregt, was sich auf dem Perron abspielte. Der Offizier, der die Sache auffliegen hatte lassen, war nirgends zu sehen. Ganz gedrückt machte Mika auf einem Tisch den Koffer auf und übergab den Beamten die zehn Kilo Saccharin, für die er so lange und verbissen gekämpft hatte.

Er hatte meinen Mantel an. Der seine war zwar besser, ich hing aber an meinem alten Mantel und hatte jetzt Angst, daß ich ihn nicht mehr bekommen würde. Aber Mika kehrte zurück – mit dem leeren Koffer und einer Bestätigung, daß man ihm zehn Kilo Saccharin beschlagnahmt hatte.

Die niedlichen Bilder seiner angeblichen Kinder hatten gar keine Wirkung auf die pflichtgetreuen Beamtenherzen ausgeübt. Vollkommen niedergeschlagen legte sich Mika auf die Bank, wie einer, der im Begriff war zu sterben. Vielleicht tat es ihm leid, daß er für nichts so geizig gespart und sich in Prag nicht einmal ein Paar Würstel gegönnt hatte. Um ihn zu trösten, erzählten wir ihm, wie es wirklich mit seiner Frau stand. Wir wollten ihm nur beweisen, daß es sich nicht auszahlte, für solch einen Menschen solche Opfer zu bringen. Aber unsere Eröffnungen verminderten seinen Schmerz nicht. Erst danach schien er ganz gebrochen zu sein. Sein Schnurrbart schien direkt bleicher geworden zu sein. Aber allmählich kam ihm zu Bewußtsein, daß ihn der materielle Verlust von einer großen Lüge befreit hatte, von der abscheulichen Falschheit seiner Frau und vom unsicheren Dasein eines Emigranten. Da seine Frau das einzige war, das ihn bewog, einer Rückkehr in die Heimat die freiwillige Emigration vorzuziehen, stand ihm jetzt nichts mehr im Wege, nach Belgrad zurückzukehren. Aus einem Gefühl gekränkter Ritterehre heraus mußte er aber noch etwas ganz Besonderes tun und entschloß sich deshalb, sofort nach seiner Rückkehr in die Armee einzutreten, so wie Filmhelden nach einer großen Liebesenttäuschung in die Fremdenlegion gehen. Wir billigten seinen Entschluß, weil wir einsahen, daß mit ihm im Augenblick nichts Besseres anzufangen war. Um ihm auch dabei behilflich zu sein, steckte ihm Wlada seine Ode an Tito in die Tasche, mit der Bemerkung, daß sie ihm vielleicht zu einer rascheren militärischen

Karriere verhelfen könnte. Da sich Mika jedoch später nicht mehr meldete, weiß ich noch immer nicht, ob ihm Wladas Gedicht wirklich etwas geholfen hat. Ich glaube es eigentlich nicht. Die Ode war entsetzlich schlecht.

So war ich der einzige von uns, der mit dem Saccharin in Wien ankam. Es war allerdings nur die Hälfte von dem, was ich mitzubringen beabsichtigt hatte. Ich hoffte jedoch, daß mir Wlada seine Schuld zurückzahlen würde.

Ich konnte ja nicht wissen, daß man ihn bald danach verhaften und damit auch meine vage Hoffnung begraben würde. Wlada verließ später das Gefängnis so verarmt, daß ich es einfach nicht übers Herz brachte, ihn an die Schulden zu erinnern; im Gegenteil, ich borgte ihm wieder etwas Geld, damit er seinen versetzten Mantel auslösen könne, weil es inzwischen schon Winter geworden war.

Aber das alles war nicht das Schlimmste. Das Schlimmste war der große Sturz des Saccharinpreises, von dem wir gleich nach unserer Ankunft erfuhren. Die Leute des großen Todor waren uns wieder zuvorgekommen – mit hundert Kilo Saccharin, die sie noch am Vorabend auf den Wiener Schleichhandelsmarkt geworfen hatten. Die kleinen Wiederverkäufer waren mit der Süßware für eine gewisse Zeitspanne vollauf versorgt. Wenn man einen besseren Preis erzielen wollte, mußte man noch warten. Ich konnte mir das Warten nicht leisten und verkaufte meine zwei Kilo Saccharin zu einem Preis, mit dem ich mir die Sachen, die ich in das Unternehmen investiert hatte, das heißt: eine wasserdichte Armbanduhr, den Ring und die Zahnbrücke, auf keinen Fall wieder kaufen konnte. Ein neuerlicher selbständiger Versuch mit Saccharinschmuggel war vollkommen illusorisch geworden, weil – wie ich erfuhr – der geheimnisvolle Todor mit einigen anderen größeren Schmugglern ein Saccharinkartell gebildet hatte, dem man schwer konkurrieren konnte. Die Zeit der Konjunktur für kleine Glücksjäger war auf diesem Gebiet vorbei. So gab ich es auf, weil ich einsah, daß aus mir nie ein großer Schmuggler werden würde.

(aus »Meine Reisen nach Wien
und andere Verirrungen«)

Sonnenspuk

Mein Freund, der Maler Alfred Kubin, behauptet
immer, wenn wir bei einem Glase Schilcher bei-
sammensitzen (was leider nur mehr selten geschieht), es gebe den Teufel; wieso könne er ihn
denn sonst zeichnen oder gar malen?! Ich bestreite
das jedesmal, weise darauf hin, der Teufel sei eine
Ausgeburt des odium theologicum, und ihn als
Bock abbilden, hieße nichts anderes, als in dasselbe Horn mit denen stoßen, die sich's nicht nehmen lassen wollen, der berüchtigte Herr Leo Taxil
habe mit der Miß Vaugham zusammen den
Schwanz, den er vor 35 Jahren dem Papst Leo
verkaufte, dem leibhaftigen Teufel und nicht einem
ixbeliebigen wehrlosen Bettvorleger abgeschnit-
ten. – »Oder glauben Sie vielleicht, es sei der
wirkliche Schwanz des Teufels gewesen?« schließe
ich stets meine Rede. –
»Natürlich war er's«, sagt dann Kubin und zückt
gewohnheitsmäßig sein Skizzenbuch, »weisen Sie
mir nach, daß ich jemals den Teufel mit Schwanz
gezeichnet hätte!« – – – Am liebsten führen wir uns
bei solchen Zwistigkeiten in die Haare; der Grund,

weshalb wir es unterlassen, ist lediglich der, daß Kubin nur wenige besitzt und ich keine.

Innerlich stimme ich seiner Überzeugung, der Teufel existiere, selbstverständlich bei, äußerlich darf ich es nicht tun; der gute Ton verlangt, daß Kollegen in der Kunst uneins sind, und zudem befürchte ich, der Bibelsatz: »So zwei von euch einträchtig beisammen sind, bin ich mitten unter ihnen« könnte auch verhängnisvollerweise im diabolischen umgekehrten Sinne Geltung erlangen. – – Wie berechtigt eine solche Angst ist, beweist folgendes Geschehnis, das Kubin und mir vor einiger Zeit zustieß. – Ich weiß, Kubin gibt nicht ums Verrecken zu, es habe sich in Wirklichkeit abgespielt; – einzig und allein der Schilcher sei schuld! Nun, in diesem Falle setzt er eben dieselbe Maske auf wie ich sonst. Ich könnte ihn mühelos mit den Worten widerlegen: »Wenn's nicht Wirklichkeit gewesen wäre, lieber Kubin, wieso hätten Sie dann die Szenen in Bildern festhalten können? Heh?«

Jetzt zu unserem Erlebnis! – Ich muß vorausschikken: Vor vielen, vielen Jahren hatte ich einen Freund, der sich Doktor Sacrobosco Haselmayer nannte – vielleicht »Sacrobosco« deshalb, weil ein Mondkrater ebenso heißt. Ich habe schon oft über ihn geschrieben – offen gestanden, weil ich ihn loswerden wollte. Das mag sonderbar klingen, wird aber sofort verständlich, wenn man weiß, daß ich dabei unter Zwang handle. Bisweilen beschleicht mich nämlich der Zweifel, ob er jemals gelebt hat. Hat er nicht gelebt, dann kann ich ihn nur loswerden, wenn ich ihn schildere. So rät mir wenigstens ein Arzt. Dann wieder sage ich mir: gelebt muß er haben; wie hätte er sonst vor 15 Jahren in Prag sterben und begraben werden können! Und dann: Wenn er nicht gelebt hätte, wieso hätte ich dann so oft von ihm berichten können? – Er trug mit Vorliebe einen glanzlosen, moosgrünen Tuchzylinderhut, ein holländisches Sammetwams, Schnallenschuhe und enganliegende schwarze Seidenkniehosen um die beängstigend dünnen Beine. Er war ratzekahl und sein Schädel anscheinend gallertartig weich; wenigstens hinterließ, sooft er den Hut abnahm, die Krempe immer eine Furche in seiner Haut. Bisweilen verschwand er für längere Zeit, und währenddessen vergaßen ihn die Leute derart, daß sie leugneten, ihn jemals zu Gesicht bekommen zu haben, so daß ich oft vermutete, alles, was mit ihm zusammenhänge, dürfte ins Reich der magischen Erscheinungen zu verweisen sein, die im Hirn der Menge so überaus schwer dauernd Wurzel fassen. Ein Psychoanalytiker, den ich zu Rate zog, meinte, ich hätte einen – Mondkomplex – Mondkomplex!!! Seit wann trägt der Mond moosgrüne Zylinderhüte? Vor 15 Jahren starb, wie gesagt, Dr. Haselmayer und wurde zur ewigen Ruhe bestattet. So behauptete man allgemein. Ich glaube keinen Ton! Es muß ein infamer Schwindel gewesen sein; wie könnte er mir sonst an jedem Neujahrstag eine Glückwunschkarte ins Haus schicken?! – »Sie schreiben eben an Ihre eigene Adresse diese Karten, ohne daß es Ihnen klar bewußt wird«, behauptet der Psychoanalytiker, »und gratulieren sich selbst darin.«

Ich bin doch Schriftsteller! Ich möchte gern wissen, wozu ich mir gratulieren sollte! Nein, das mit dem Tode Dr. Haselmayers ist ein Schwindel. Soll ich mir vielleicht zu dem Geschehnis gratulieren, das, wie erwähnt, Kubin und mir vor geraumer Zeit widerfuhr?

Kubin und ich saßen in glühender Mittagssonne in einem öden Bauernhof und tranken Schilcher. Allerlei Getier hockte, kroch und stand wie halb im Schlaf umher: ein Gaul, eine Katze, Gänse, ein Truthahn, ein Kettenhund. – – Am Abend vorher hatten wir in der kleinen Nachbarstadt der Vorstellung eines Wanderzirkus beigewohnt. – Die fahle Halskrause des nickenden Truthahns erinnerte mich mit einemmal an den Clown von gestern, wie er mit spindeldürren Beinen auf dem Trapez gestanden hatte. Merkwürdig, wieso mir jetzt erst zu Bewußtsein kam, daß sein Gesicht genau das des Dr. Sacrobosco Haselmayer gewesen war! Ich er-

schrak; durchgrübelte mein Gedächtnis nach dem
Bild des zweiten Clowns, der darunter – affen-
gleich, pudelartig –, an der Stange des fliegenden
Recks schwebend, mich gestern gespenstisch
schalkhaft so lange angeglotzt hatte. Plötzlich fuhr
ich zusammen, wie nur jemand zusammenfahren
kann, der – eine Sekunde lang aufs tiefste einge-
schlafen gewesen – mit einem Ruck erwacht.

»Ich muß von irgendwo hoch oben herabgefallen
sein!« sagte ich mir. »Vielleicht von der Sonne?
Oder vom Trapez? Nein, nein! vom Trapez bestimmt nicht! Auf dem Trapez hat ja der zweite
Clown gehockt. Der mit dem Gesicht... mit dem
Gesicht... dem Gesicht...« – ich erstarrte förmlich: das Gesicht des zweiten Clowns, das mir nicht
hatte einfallen wollen, war doch das Gesicht des
ersten Clowns und somit das Dr. Haselmayers in
Person. Merkwürdig nur, daß ich mich so lange bemüht hatte, es mir zu vergegenwärtigen, wo offenbar Dr. Haselmayer, wie ich jetzt gewahr wurde,
schon eine halbe Stunde an unserem Tisch saß!! –
»Aha, er hat sich als Dritter zu uns setzen dürfen,
weil ich vorhin – ganz gegen meine sonstige Ge-
wohnheit – Kubin zustimmte, als er wieder einmal
behauptete, es gäbe den Teufel« – erriet ich.

»Sie pflichten mir also bei, Herr Dr. Haselmayer«,
hörte ich ganz deutlich Kubin sagen, und erkannte
sofort, daß er in einem Gespräch fortfuhr, dessen

Anfang ich überhört haben mußte – »wenn ich behaupte – was der blöde Meyrink meistens bestreitet –, daß der Teufel nicht nur als unsichtbares Subjekt existiert und sich als solches der Maler als Marionetten bedient, um sich gelegentlich von ihnen porträtieren zu lassen, sondern daß er bisweilen auch als Objekt herumläuft und – sagen wir mal: in stillem Waldeshain Blümlein pflückt?«

Was Dr. Haselmayer darauf erwiderte, weiß ich nicht mehr; zu mir gewendet sagte er mit hohler Mädchenstimme: »Wenn jemand den Teufel sieht, so wie z. B. Sie mich jetzt sehen und einst Luther den Teufel gesehen hat – wissen Sie, woher das kommt? Es kommt vom Beten! Alle Leute beten zu einem Gott, ohne sich vorher einen richtigen Begriff von ihm gemacht zu haben. Sie erniedrigen ihn dadurch zu einem Objekt, wo er doch nur ewiges Subjekt sein kann. Kein Wunder, daß dann der Teufel« – Dr. Haselmayer lächelte glückselig – »die günstige Gelegenheit benützt, sich aus solchen verkehrten Gebeten ein Gewand als Bock zurechtzuweben und Blümlein zu pflücken – – oder Menschlein. Haben Sie sein Pflücken noch nie bemerkt in der Welt der Menschen? Ist's Ihnen noch nicht aufgefallen, daß gerade die emsigsten Beter das gräßlichste Ende nehmen? Muß ich Sie auf das Beispiel des Zaren aufmerksam machen? Auf die Millionen der mohammedanischen Babisten?«

»Aber ich bete doch nie!« fiel ich ein, »und trotzdem habe ich bisweilen das besondere Vergnügen...« ich blickte Dr. Haselmayer spöttisch an.

»Wohl Ihnen, wenn Sie es absichtlich unterlassen«,
unterbrach Dr. Haselmayer geringschätzig. »Die
große Menge Menschen, die heute glauben, sie
beteten nicht, haben es sich nur äußerlich abge-
wöhnt aus Schlamperei – innerlich ›beten‹ sie
trotzdem; sie wissen es nur nicht! Vielleicht beten
sie im Tiefschlaf oder – wenn sie sonstwie bewußt-
los werden, z. B. durch den Einfluß zu heißer Son-
nenstrahlen. Die gewisse Seelenzerspaltung, die
durch das Geborenwerden des Menschen entsteht
und die es dem Teufel ermöglicht, sich zu betäti-
gen, und die dem Menschen den freien Willen
raubt – diese Wunde läßt sich mit Kamillentee nicht
heilen. Wenn's nicht so wäre, wie ich sage, warum
rufen denn die Menschen, so oft sie erschrecken,
immer ›unwillkürlich‹ aus: ›um Gottes willen‹?«

»Der Buddha hat das bestimmt nie getan!« wendete
ich ein.

»Der... der... bleiben Sie mir mit diesem Burschen vom Hals!« rief Dr. Haselmayer verärgert.
»Übrigens: Darf ich meinen lieben Gästen noch
eine Flasche Schilcher bringen?« – Er ging ins
Haus. Ich nahm mir fest vor, niemals mehr in
meinem Leben »Um Gottes willen« zu sagen, und
Kubin stimmte mir zu. ---

»Merkwürdige Namen haben die Bauern hier auf dem Lande!« sagte Kubin unvermittelt nach einer Weile. »Sacrobosco Haselmayer! Sacrobosco! Billiger tut er's nicht!« Er deutete mit dem Zeigefinger über meine Schulter. Ich wurde ganz verwirrt. Dr. Haselmayer war doch kein Bauer! Was sollte das plötzlich heißen? Ich drehte mich um: eigentümlich, dort stand auf einem Schild: »Sacrobosco Haselmayer, Ökonom und Herbergsvater.«

Wir dösten wohl eine halbe Stunde in der Mittagsglut vor uns hin. Plötzlich ein furchtbarer Lärm! Das Pferd bäumte sich entsetzt auf, röhrend wie ein Hirsch; die Gänse schrien schrill und schlugen mit den Flügeln; der Kettenhund heulte und bellte und riß fast seine Hütte um; der Hals des Truthahns schwoll blaurot an; mit gesträubtem Haar fauchte die Katze von der Mauer. Wir fuhren hoch aus dem Halbschlaf und riefen gleichzeitig: »Um Gottes willen!«

»Die Brillenschlange hat die Tiere so entsetzt«, sagte Kubin und deutete auf etwas Schwarzes mitten im Hof.

»Was für eine Brillenschlange? Brillenschlangen in Oberösterreich? Das fehlte gerade noch! Lieber Kubin, es ist doch bloß eine Peitschenschnur!«

Kubin brummte etwas in den abrasierten Bart, was so klang wie: »Sie sind ein unverbesserlicher Schöps.« –

Später unterhielten wir uns noch lange über die seltsamen Reden, die Dr. Haselmayer geführt hatte. Nur, daß der betreffende Herr »Haselmayer« geheißen hätte, bestritt Kubin; es sei ein Fremder gewesen, meinte er. Alles andere stimmte mit meinen Beobachtungen überein.

Um so mehr ärgerte ich mich, daß er heute alles in Abrede stellt – aber auch alles und bis ins kleinste! Sogar, daß wir tags zuvor einen Zirkus besucht hätten! – –

Aus der Haut möchte man fahren!

(aus »Das Haus zur letzten Latern«)

Lausbubenjahre
eines Rauhhaardackels

Gleich am ersten Morgen in Wien mußte Seine Durchlaucht alle Freunde begrüßen, voran natürlich den Boxer Jacky, vor dem er sich wieder auf den Rücken warf, um ihm seine totale Devotion zu erweisen. Auch Asta, die Schäferhündin, erhielt eine Ergebenheitsbezeugung, während Hexi, die Langhaardackeline, schon einer kameradschaftlicheren Aufmerksamkeit teilhaftig wurde. Als diese jedoch, wie es bei Hunden nun einmal üblich ist, nach freundlicher Bewedelung an Seiner Durchlaucht verlängertem Rückgrat zu schnuppern begann, erntete sie von Flexi ein von wildem Zähnefletschen begleitetes Knurren. Schließlich bellte er sogar unmißverständlich böse.

Zum erstenmal zeigte sich eine Eigenart, die er dann für immer beibehielt. Er duldete es einfach nicht, daß ein anderer Hund, mochte er nun Männchen oder Weibchen sein, ihn sozusagen hinterrücks beschnüffelte. Daß er selbst nicht in derlei »Unsitten« verfiel, zeigte sich darin, daß Flexi andere Hunde wohl bewedelte ihnen mit der Schnauze mitunter auch ans Ohr stieß, als wollte er im Vorbeigehen einen herzhaften Witz machen, aber den Partner hinten zu beriechen, galt ihm offenbar als absolut standeswidrig.

Im Dackelklub, dem ich später beitrat und wo einander selbst die aufrechtesten Demokraten mit »Dackel-Heil!« begrüßen, wurde Seine Durchlaucht daraufhin getestet. Man führte ihm einen Rauhbautz zu, der schon drei Erste Preise und ein Vorzugszeugnis für »Arbeit unter Tage« erhalten hatte, wobei man annahm, daß Flexi die Prominenz des Gegenübers würdigen und sich die angeblich »standesgemäße« Hundebeschnüffelung ohne weiteres gefallen lassen würde. Als jedoch der Bodo von Balzenhausen sich mit witternder Schnauze dem durchlauchtigsten Popo Frechs von Hunglbrunn näherte, machte Flexi mit gesträubtem Rückenfell plötzlich kehrt und fuhr dem Vorzugsschüler mit einem fürchterlichen Zorneslaut an die Kehle. Beide Besitzer, darunter ich, zerrten, weidlich erschrocken, ihre Dackel zurück, und der Klubpräsident, der diesem mißglückten Test beigewohnt hatte, meinte: »Ein sehr merkwürdiges Verhalten.« Das war auf Durchlaucht gemünzt, der nun sichtlich erbittert dahockte und offenbar Rache brütete. »Es gibt ja Hundepsychiater«, ergänzte der Präsident, im Seelenleben der von ihm gesellschaftlich betreuten Dackel unerhört bewandert. Nun, ich stieß ein kräftiges »Dackel-Heil!« hervor,

zerrte Flexi hinter mir her und verließ das Klublo-
kal, ein Gasthausextrazimmer, dem nur einmal im
Monat die Ehre zuteil wird, von weisen Reden und
Dackelgebell erfüllt zu werden.

Flexis Ziehmutter, Frau Filipic, die mittlerweile aus
Gastein zurückgekehrt, dem Rundfunk eine »Al-
pensymphonie« unterbreitet hatte, wartete nun auf
den Annahmebescheid und war daher etwas nervös und unkonzentriert, als ich sie wegen der bei
anderen Hunden Anstoß erregenden Manieren Seiner Durchlaucht interpellierte. Flexi-Vater Johan-
nes saß dabei auf ihrem Schoß und schien gelang-
weilt vor sich hinzudösen. Seinen Sprößling hatte
ich zu Hause gelassen, da ich ja wußte, wie ableh-
nend einander Sohn und Vater gegenüberstanden.

»Das ist überhaupt kein Problem«, urteilte Frau
Filipic weise. »Wahrscheinlich ist er am Popo kitz-
lig.«

Ursula mit ihrem Erdöl-Seppi wollte sich vor Lachen ausschütten, als ich ihr von meiner Visite bei
Frau Filipic erzählte. »Sie hat übrigens deine Ga-
steiner Bienenstich-Angst und dein Gebuddel nach
Gartenerde in finsterer Nacht im dritten Satz ihrer
Symphonie verewigt«, berichtete Uschi noch immer lachend. »Angeblich hört man ganz deutlich,
wie du im Hotelgarten scharrst.«

Allmählich verspürte ich Ärger, daß Durchlaucht
Flexi immer mehr dazu beitrug, mich irgendwie

lächerlich zu machen. Aber was sollte ich tun? Wenn er mich mit seinen braunen Schuhknöpferl-augen ansah, war ich sofort wieder besänftigt.

Jetzt war die Zeit, da er zum erstenmal beim Gassi-gehen das Bein hob, um ein kleines Geschäft zu verrichten – und dabei prompt umfiel. Es war auch die Zeit, da er die Wellensittiche Pitzi und Putzi sofort verbellte, wenn sie zu laut kreischten. Und es war die Zeit, da er den zentralen Mittelpunkt unse-rer Familie endlich erobert hatte und nun genau wußte, daß niemand anderes im Hause wichtiger war als – Seine Durchlaucht.

»Mit dem 1. Lebensjahr werden die Hundesiege errungen«, hat ein Verhaltensforscher behauptet. Nun, Flexi genügte ein Vierteljahr ...

Daß er uns bereits liebevoll tyrannisierte, ging daraus hervor, daß wir abends überhaupt nicht allein auszugehen wagten, denn wir versuchten es erst gar nicht. Eine Szene, die mein mir angetrautes Eheweib und ich zu einer Zeit erlebt hatten, da Flexi noch gar nicht auf der Welt war, bildete das Trauma, das uns davon abhielt, Seine Durchlaucht allein zu Hause zu lassen.

Ein Kollege von mir besaß einen Rottweiler, den er als Wollknäuel bekommen und der sich zu einem Mondkalb entwickelt hatte. Wessen Gemüts das treue Tier war, hatten wir erfahren, als wir einmal nachmittags in munterer Runde in einem Kaffeehausgarten saßen. Der Hund, Kasimir hieß er, lag hechelnd unter dem Tisch, denn es war schwül, und wir löffelten Eis, von dem ihm mein Kollege Paul ab und zu ein Bröckchen reichte. »Er wird sich den Magen verkühlen«, warnte ich. Die Familie Paul winkte ab: »Kasimir frißt alles!«

Die Bestätigung dieser stolzen Aussage erlebten wir, als die ganze Runde aufbrach und ein anderer Kollege, sein Vorname war Franz und er hatte ein Prothesenbein, da es ihn noch am letzten Kriegstag bei einem Tieffliegerangriff vor einer italienischen Trattoria, wo er auch ein Eis löffelte, erwischt hatte. Gefrorenes bekam ihm offenbar überhaupt nicht, denn diesmal machte er nur ein paar Schritte und fiel dann der Länge nach hin, da der Schuh sich von der Prothese gelöst und mit edlem Schwung auf dem Kaffeetisch eines ältlichen Ehepaares einge-schlagen hatte, dort Porzellantrümmer und jähes Entsetzen hervorrufend. Paul eilte zu dem bom-bengeschädigten Tisch, und ich bemühte mich, Franz wieder auf die Beine zu bringen. Dieser betrachtete sein nur noch von einer etwas zerrisse-nen Socke bekleidetes fleischfarbenes Holzbein und schüttelte verständnislos den Kopf. »Ich habe doch den Schuh zugebunden gehabt«, sagte er gleichsam entschuldigend für das Aufsehen, das durch die Schuhbombe im ganzen Kaffeehausgar-ten entstanden war. Paul kam mit der davongeflo-

144

genen Fußbekleidung zurück und da sahen wir, zunächst sprachlos, daß dem Schuh nicht nur die Schnürsenkel, sondern das halbe Oberleder fehlten. Das Mondkalb Kasimir, das sich genüßlich die Lefzen leckte und uns aus rotumränderten Augen treuherzig anstarrte, hatte das Speiseeis durch eine kräftige Ledermahlzeit vervollständigt. »Das hat er aber noch nie getan«, meinte Paul und überreichte Franz das arg lädierte Corpus delicti. »Ich bin übrigens für Kasimir haftpflichtversichert«, fügte er hinzu, »du kriegst selbstverständlich ein neues Paar Schuhe. Die Meldung an die Versicherung mache ich gleich in einem: Kasimir hat nämlich gestern einem Blinden den weißen Stock wegapportiert und halb aufgefressen.« Als wir mit dem Riesenhund das Lokal verließen, dabei Franz wie einen Schwerinvaliden stützend, rumorte ringsum bereits die Volksseele. »Mit so an Raubtier geht ma net unter d' Leit!« rief ein ganz Vorlauter.

Vielleicht war dieser Vorfall der Anlaß, daß die Pauls ihren freßsüchtigen Kasimir fortan daheim ließen, denn jedesmal, wenn wir mit dem Ehepaar wieder ausgingen, war es hundelos. »Bleibt er denn brav zu Hause?« fragte ich einmal arglos. »Wie ein Lamperl«, erklärte Paul und strahlte.

Das seltsame Gehaben dieses Lammes sollten wir erleben, als wir wenige Wochen später die Pauls zu einem Theaterbesuch abholten. Der Riesenhund trottete mit hängenden Ohren mit uns allen bis zur Wohnungstür, und ich nahm an, daß die Besitzer sich nun von ihrem braven Rottweiler verabschieden würden. Doch was geschah? Plötzlich zischte mein Kollege: »Rasch raus! Raus! Raus!« Seine Frau zerrte uns blitzschnell auf den Gang und warf die Tür zu, hinter der wir nun entsetzliche Geräusche vernahmen. Es klang, als rauften Herr und Hund keuchend und bellend – eben jeder nach seiner Art – gleichsam Brust an Brust, dann öffnete die Paulsche die Tür vorsichtig einen schmalen Spalt und heraus zwängte sich, irren Blicks und halb herabgerissenen Rocks, der Hundebesitzer, wobei er sich bemühte, das Riesentier mit letzter Kraft zurückzudrängen. Zwischen Tür und Angel tobte der dramatische Kampf noch ungefähr eine Minute, dann stieß Paul mit beiden Fäusten zu – es sah aus, als wehre ein verzweifelter Tormann einen Elfmeter ab –, drinnen überschlug sich der kampfesmutige Rottweiler Kasimir, und als er Sekunden später mit mächtiger Schulter donnernd gegen die Tür krachte, war diese schon zu und sichtlich erschöpft versperrte Paul die rettende Trennwand, die in ihren Grundfesten zu erbeben schien, so heftig waren die Befreiungsversuche des angeblich lammfrommen Monstrums. Dazu bellte Kasimir, es war eine wutgeladene Schimpftirade, doch als wir das Haus

146

verließen, sagte Frau Paul erleichtert: »Zum Glück sind die Nachbarn auf Urlaub.«

Also so etwas Schauerliches wollten wir uns mit Flexi auf keinen Fall antun, zumal man Seiner Durchlaucht gar nicht zumuten konnte, in ordinäre Raufhändel verwickelt zu werden. Er ging jedem auch nur aufkeimenden Streit mit demütig gesenkter Rute aus dem Wege und selbst seinen Todfeind, einen schwarzen Wolfshund namens Hasso, bei dessen Anblick er jedesmal vor lauthalsem Ärger einem Nervenzusammenbruch nahe schien, verbellte er nur aus respektvoller Distanz. Manchmal mochte er von dem »Krampus«, wie ich ihn bezeichnet hatte, auch träumen, denn wenn er auf seinem Stammpolstersessel eines seiner vielen Tagesschläfchen machte, knurrte er zunächst, bellte dann verhalten, und sobald er die Augen aufriß, war er sichtlich erleichtert und begann leise mit dem Schwanz zu wedeln. Ein Zeichen, daß die unangenehme Traum-Begegnung vorüber war.

Trotzdem schuf dieses Nicht-allein-zu-Hause-Bleiben bald ernste Probleme. Während des Urlaubs hatten Anny und ich einander abgelöst oder Seine Durchlaucht kurzerhand in die Gaststube mitgenommen, aber nun drängte sich gebieterisch die Frage auf: Was sollten wir bei einem Kino- oder Theaterbesuch machen? Flexi in der Garderobe abgeben? Diesen blasphemischen Gedanken schoben wir weit von uns, also blieb nur eines übrig, wir mußten weiter wacker an seiner Seite ausharren.

Uschi fand unser Einsiedlerdasein geradezu lächerlich, denn ihr Erdöl-Seppi blieb seit jeher seelenruhig zu Hause, selbst wenn sie sich ab und zu in sträflicher Unzüchtigkeit eine ganze Nacht um die entzückenden Ohren schlug. Doch als ihr Bruder Bert, mein bester Freund, der in Deutschland in einem Spielkasino als Croupier beschäftigt war, im Herbst auf Urlaub kam, wollte er unbedingt mit großem Hofstaat zum Heurigen gehen. Da die Abende noch angenehm warm waren und man deshalb bei Windlichtern und Ziehharmonikaklang im Freien sitzen und von rohen Holztischen schmausen und den köstlichen Gerebelten trinken konnte, beschlossen wir, mit von der Partie zu sein, und zu diesem Gaumenfreudenfest Flexi mitzunehmen. Uschi bemerkte zwar am Telephon, das sei höchst überflüssig und echte Weintrinker sähen es nicht gern, wenn ihnen dabei Hunde ins Krügelglas guckten, so beharrte ich doch darauf, Seine Durchlaucht mit den besonderen Kultstätten seiner Heimatstadt erstmals vertraut zu machen.

An einem lauen Septemberabend brachen wir in drei Autos zu diesem Unternehmen auf. In unserem Wagen saßen außer mir, dem Lenker, noch Uschi samt Bruder Bert, während Anny in einem der anderen Wagen Platz gefunden hatte, wo noch ein paar Bekannte sowie Uschis neuester Verehrer, ein Reizwäschevertreter en gros, sich zusammendrängten. Seine Durchlaucht hockte neben mir auf dem Vordersitz, an kurzer Leine und durchaus fröhlich gestimmt. Uschi, die daneben saß, bekam von ihm einige rasche und sehr nasse Küsse ab. »Dein neuester Schwarm wird eifersüchtig werden«, sagte ich.

Wir rollten also gut gelaunt durch die Stadt, zwängten uns durch den abendlichen Stoßverkehr und gewannen dann die Höhenstraße, um von dort in die Rebenhügelhänge vom Salmannsdorf hinabzutauchen. Doch als wir vor dem Heurigenlokal, das wie üblich ein großer grüner Buschen zierte, anhielten und sogar für alle drei Wagen einen Parkplatz bekamen, hob sich der Vorhang über dem ersten Akt des Melodramas. Seine Durchlaucht bäumte sich urplötzlich auf und machte Miene, mit einem bisher noch nie produzierten diskanthohen Gekreisch – Gebell konnte man diese Lautmalerei beim besten Willen nicht nennen – über die Köpfe aller Insassen hinweg und scheinbar auch durch irgendeines der offenen Wagenfenster das Freie zu gewinnen. Vorne zog ich an der Leine, hinten versuchte Bert ihn am Halsband hereinzuzerren, aber Flexi war wie von Sinnen. Ich warf Bert den Wagenschlüssel zu und bemühte mich, mit dem Hund durch das Vorhaus in den lauschigen Heurigengarten zu gelangen, wo schon eine Geige schluchzte, eine Ziehharmonika stöhnte und ein Sänger den an zahlreichen Tischen essenden und trinkenden Gästen mit einschmeichelnder Stimme versicherte, daß »erst wann's aus wird sein«, werde man die Zwetschken einpacken, »ehnder net«. Doch bereits hier wurde die Musik von dem fürchterlichen Jaulgebell Seiner an der Leine zerrenden und quer durch den Garten strebenden Durchlaucht rettungslos überlagert. »Wann der Wein verdirbt und wann amoi die Musi stirbt«, schrie nun der beim Sängerehrgeiz gepackte Mann und konnte gerade noch hinzufügen »is' a Gfrett!«, als die Musik wirklich erstarb, denn Flexi hatte mit seiner beinahe alle Gläser zersingenden Brachialgewaltstimme den ganzen Heurigengarten erobert.

Allerdings war der Beifall für diese Darbietung sehr gemischt. Neben ein paar »Jöj, dös liabe Hunderl«, gab es zumeist zischende »Kusch!« und noch andere Verbalinjurien. Unsere tief beschämte Karawane wankte an einen freien Tisch, ich hob Flexi an seinem Brustgeschirr zu mir auf die Bank, hielt ihm die Schnauze zu und bemühte mich wie ein total verängstigter Psychiater, ihm Beruhigungsworte in sein linkes Schlappohr zu flüstern. Doch nun begann er herzzerreißend zu winseln, was die Leute an den Nebentischen vollends in Harnisch brachte. Die bis dahin noch vorhandenen Hundeliebhaber gesellten sich im Nu zu dem übrigen empörten Volk, und als Bert uns nachkam, war in dem Garten beinahe eine Revolte im Gange.

Uschis Bruder, angeblich mein bester Freund, nahm zornrot Platz und sagte laut und vernehmlich: »In jedem unserer Kasinos hättest du nach so einem Skandal lebenslanges Hausverbot. Mitsamt deinem Köter.«

Nun muß zur Entschuldigung dieses Frevelnden erwähnt werden, daß er Hunde und Katzen nicht ausstehen konnte und außerdem selbst Uschis Erdöl-Seppi keinen Respekt entgegenbrachte. Trotzdem konnte ich Seine Durchlaucht nicht derart beleidigen lassen, weshalb ich mich erhob, den noch immer sich äußerst vorlaut gebärdenden Hund auf den Arm nahm und mit einem »Ich komme gleich wieder« unter den begeisterten Zurufen der plebejischen Menge den Garten verließ.

Im Auto beruhigte er sich sofort. Er nahm auf dem Beifahrersitz artig Platz, legte den Kopf auf mein rechtes Bein und sah mich mit seinen dunkelbraunen seelenvollen Augen abwartend an. Ich startete den Motor und sagte: »Du hast uns ja fein blamiert«, denn auch beim Exodus aus der Heurigenschenke hatte er wieder sein schauerliches Freudengeheul angestimmt. Flexi schloß ergeben die Augen, so als wollte er ausdrücken, es sei völlig sinnlos, darüber zu diskutieren.

151

»Na schön«, sagte ich ärgerlich und wir schwiegen dann beide, bis wir zu Hause ankamen. Ich ließ den Wagen vor dem Tor stehen, trug den Hund in die Wohnung hinauf und überlegte, was ich tun sollte. Bei ihm bleiben oder ihn allein zurücklassen? Ich wurde zunächst der Antwort erhoben, da das Telefon läutete.

Uschi war am Apparat. »Untersteh dich und spiel jetzt das Kindermädchen! Gib ihn in sein Körbchen und nimm dir ein Taxi und komm heraus. Mit dem Wagen würde ich nicht fahren, denn du wirst dich in deinem Ärger sicherlich besaufen.«

Diesen Ausdruck fand ich ungehörig, aber ich wollte nicht streiten. Nachdem ich schon zwei Akte des Hundemelodramas – Ein- und Auszug im Heurigengarten – erlebt hatte, gedachte ich nicht, noch einen dritten selbst beizusteuern. »Einem Kleinkind muß man manches verzeihen«, sagte ich sehr lahm. »Immerhin ist Flexi, wenn man das erste Hundejahr sieben Menschenjahren gleichsetzt, ja noch nicht einmal zwei Kinderjahre alt. Auch Zweijährige benehmen sich beim Heurigen nicht anders.«

»Deshalb nimmt man sie gar nicht erst mit«, erwiderte Uschi triumphierend. »Das alles hättet ihr euch ersparen können. Aber nun laß den Kerl zu Hause und komm schon! Wir sind bereits beim zweiten Liter.«

Ich hängte wortlos auf. Dann nahm ich Flexi und bugsierte ihn in seinen Bienenkorb, in dem er bisher höchstens ein paar Minuten seines bisherigen Lebens zugebracht hatte. Er blieb verschüchtert drinnen sitzen und leckte sich verlegen sein schwarzes Schnäuzchen.

»So«, sagte ich, »und nun geht Herrchen fort, und du bleibst schön brav zu Hause. Hörst du, schön brav!« wiederholte ich beschwörend, wie ein Medizinmann vor einem renitenten Stammeshäuptling.

Flexi erwiderte gar nichts. Er winselte nicht, er bellte nicht, im Gegenteil, er begann sich drei- oder viermal im Kreise zu drehen, dann scharrte er mit seinen Stummelbeinchen und legte sich zusammengerollt hin. Das war der Ritus, den er sonst am Sofa oder im Bett vor dem Einschlafen zu vollziehen pflegte.

Ich war verdutzt. So viel Bravheit hatte ich in meinen sehnsüchtigsten Träumen nicht erwartet. Ich strich über seinen Kopf und flüsterte ergriffen: »Du bist mein Guter, mein Schöner, mein Braver.« Er kuschelte den Kopf zwischen seine Vorderpfoten und schloß scheinheilig die Augen.

Ich war beruhigt. Ein kurzer Rundblick in der Küche, wo der Bienenkorb stand, belehrte mich, daß in erreichbarer Nähe keinerlei Dinge lagen, mit denen er Schabernack treiben oder sich weh tun konnte. Die Tür zum Vorderzimmer ließ ich offen. Ich verharrte noch einmal kurz und horchte. Nichts rührte sich.

Ich war stolz wie ein König. Dem Rudelführer war es gelungen, ein Rudelmitglied ohne viel Federlesens zum Zuhausebleiben zu bewegen. Es gab keine Kämpfe so wie bei dem fürchterlichen Rottweiler Kasimir, alles hatte sich in geradezu vornehm aristokratischer Weise abgespielt. Kein Wunder, daß ich eine halbe Stunde später im Heurigengarten nur ganz von oben herab erzählte, Flexi schlafe bereits fest und tief in seinem Körbchen. Bert, der schon etwas glänzende Augen hatte, meinte: »Gott sei Dank, ich dachte schon, aus dir wäre ein Hundepantoffelheld geworden.«

Der Abend verlief sehr lustig und feucht. Um Mitternacht war ich froh, Uschis Rat befolgt und meinen Wagen vor unserem Haus stehengelassen zu haben, denn mein Äffchen fand auch noch im Auto des Reizwäschevertreters genügend Platz.

Wir entstiegen mit lautem Hallo den beiden Wagen, und wenig später befanden sich mein Eheweib, das auch schon ein wenig Schlagseite zeigte, und ich im dunklen Hausflur. Da in dem hundertfünfzig Jahre alten Gebäude noch kein Dreiminutenschalter vorhanden war, erklommen wir etwas mühsam die Treppe. Vor der Wohnungstür blieben wir stehen und horchten. Nichts rührte sich.

Auch als ich aufsperrte, war von Flexi, der immerhin schon fast vier Stunden allein gewesen war, kein Laut zu hören. Ich knipste das Licht an, und Anny meinte etwas zungenschwer: »Der wird doch nicht fremdgegangen sein.«

Doch ich war nicht zum Scherzen aufgelegt, denn instinktiv ahnte ich, daß in wenigen Sekunden der Vorhang über dem dritten Akt des Melodramas aufgehen würde.

Und so war es auch. Als ich das Licht in der Küche einschaltete, bot sich uns folgendes Bild: Auf einem etwa zwanzig Zentimeter hohen und drei Meter langen Berg aus Nudeln, Erbsen, Mehl, Karotten, Kaffeebohnen, Reiskörnern, Schnittlauchbüscheln und allen nur möglichen Koch-Ingredienzien saß Seine Durchlaucht, bis zu den Ohren weiß wie ein Bäckerlehrjunge und wedelte uns begeistert an. Aus seinen total verklebten Äuglein blitzte unbändiger Schalk. Sie schienen zu sagen: »Na, habe ich das nicht schön hingekriegt?«

Wir brachen in lautes, nicht endenwollendes Gelächter aus. Beide knieten wir uns in den so emsig erbauten Küchenberg hinein und Flexi, der dies durchaus richtig fand, überschüttete uns mit nassen Liebkosungen. Er hatte die nur angelehnte Vorratskastentür vermutlich mühelos aufgekriegt und dann systematisch alle Packungen und Tüten herausgezerrt, aufgebissen und sich so ein wildes Lager aus Erbsen, Reis, Mehl, Kaffeebohnen und

Gemüse hergerichtet. Und auf den Gipfel dieses Katastrophenberges seelenruhig und schlummernd unser Wiedererscheinen erwartet. Kein Komödiendichter hätte dem Melodrama einen effektvolleren Abschluß geben können.

Und seltsam: Mit diesem Abenteuer war der Bann gebrochen. Fortan blieb Seine Durchlaucht auch allein in der Wohnung, sofern wir nur dabei ein gewisses Ritual einhielten. Meine Frau Anny mußte sich vor dem Fortgehen zu seinem Bienenkorb, in dem Flexi bereits lag, hinknien und ihm »ein Geschichterl« – wie sie es nannte – erzählen. Dieses enthielt eine ausführliche Mitteilung, wohin wir uns begeben wollten und wie lange Herrchen und Frauchen auszubleiben gedächten. Dann wanderten wir zur Wohnungstür, verschlossen diese von außen und horchten. Aber Seine Durchlaucht kam nicht nach, er blieb von nun an im Korb, bis er uns Stunden später die Tür wieder aufsperren hörte.

(aus »Seine Durchlaucht, mein Hund«)

Der Sinn im Unsinn

*Und als Gott am siebten Tage
ruhte, merkte Er, daß Er etwas
vergessen hatte. Und damit die
Unerforschlichkeit Seines Rat-
schlusses gewahrt bleibe,
hauchte Er dem Menschen einen
siebten Sinn ein: den Unsinn.*

Der langjährige und derzeitige Weltmeister in aka-
demischer Bildung, Doktor Doktor Doktor Doktor
Doktor Doktor Doktor, neunfacher Ehrendoktor,
Seine Omnipotenz Professor Ernst Ernst ist – keine
Karikatur. Dazu drohen akademische Titel einen zu
stempeln, der sein Leben lang studiert hat. Womit
wir bereits beim Thema wären.
Der forschende Geist als komische Figur – dieser
und andere Widersprüche gaben dem betagten
Herrn zu denken.
»Ich wußte zu viel«, sagt er, »um nicht schon
wieder zu wissen, daß es sich mit weniger Wissen
unbesorgter lebt und stirbt.«

Und er beschloß, seinen Horizont abermals zu erweitern.

Außerakademisch!

Nach umfassenden Studien und Exerzitien in uraltem Weltwissen wurde er Yogi, Zen-Meister, Ehrenhäuptling verschiedener roter und schwarzer Stämme, Amateur-Guru – wie er gern scherzt – Freizeit-Schamane und Diplomesoteriker.

»Endlich«, sagt er, »kann ich mit dem Verstand fühlen und mit dem Bauch denken, – zwei unerläßliche Fähigkeiten, um die Welt am Ende des 20. Jahrhunderts zu verstehen.«

Forstwirtschaft und Agrikultur halfen ihm, den neuen Blickwinkel zu fertigen. Entscheidende Erkenntnisse vermittelten die Beobachtung von Tieren, von Politikern, sowie die Betätigung als Handlanger in verschiedenen Handwerksberufen.

»Hier lernte ich, stets genau das zu tun, was im Augenblick wirklich gebraucht wurde. Glaubte ich mit meinem bisherigen Rüstzeug zu wissen, ahne ich jetzt überdeutlich, und komme mit dem Ignorieren fast nicht mehr nach.«

Damit hat sich der Weltmeister zur ganzheitlichen Wahrnehmung entwickelt, zur totalen Intuition auf allen Gebieten. Er nennt diese Empfangs- und Sendeweise *Fühldenken* oder *Denkfühlen* und lebt, weder kopflastig noch instinktbetont, in Harmonie von Verstand und Antennen.

Seine Omnipotenz schwingt heiter in der Mitte. Die ihm eigene unspitzfindige Sicht ermöglicht detaillierte Zusammenschau bei engagierter Distanz. Der Weltmeister spricht nicht selbst darüber, aber: Er hat eigentlich immer recht.

Eigentlich im eigentlichen Sinn der Eigentlichkeit – akademisch ausgedrückt. Sei es als Philosoph, als Psychologe, als Mediziner, Jurist, Biologe, Physiker, Chemiker, ja sogar als Mensch. Seine »Rechthaberei« geht schon daraus hervor, daß er darauf verzichtet, seine An- und Einsichten mit Fremdwissen zu untermauern, was allgemein als Bildungsbeweis gilt.

Der Weltmeister hat die Bildung überwunden.

Wenn er zitiert, dann mannbar sich selbst:
»Bildung täuscht selbständiges Denken vor. In Wirklichkeit verhindert sie es.«

Der emeritierte Professor bevorzugt den Eigenbau, das Abenteuer, wie Fühlen und Denken, Bewußtes und Unterbewußtes sich zu Erkennen vermählen, – eine mystische Vereinigung. Erfährt er – oft reichlich spät – daß andere das Gleiche oder Ähnliches längst erkannt haben, jubelt er maßvoll:

»Gott sei Dank hab ich das nicht früher gelesen! Beziehungsweise wieder vergessen. Ich hätte es sonst als Bildung gespeichert, mir angeeignet, wie einen fremden Koffer, der zufällig in meinem Schließfach steht. So aber gehört es mir. Durch Arbeit und Miterleben erworben. Und ich verstehe den oder die andern, die vor mir draufgekommen sind, weiß genau, was in ihnen vorgeht, vorging, wie bei nahen Verwandten oder Freunden.«

Es lohnt, wenn sich der Leser mit diesem Manne identifiziert!

(aus »Der Sinn im Unsinn«)